L'APOSTOLAT

DE

LA SOUFFRANCE

OU

LES VICTIMES VOLONTAIRES
POUR LES BESOINS ACTUELS DE L'ÉGLISE ET DES NATIONS
SURTOUT DES NATIONS CATHOLIQUES DE L'EUROPE

PAR

LE P. J. LYONNARD

DE LA COMPAGNIE DE JÉSUS

PARIS
LIBRAIRIE Vᵉ POUSSIELGUE ET FILS
RUE CASSETTE, 27

1866

L'APOSTOLAT
DE
LA SOUFFRANCE

PROPRIÉTÉ DE

Vve Boussielgue et fils

L'APOSTOLAT

DE

LA SOUFFRANCE

OU

LES VICTIMES VOLONTAIRES
POUR LES BESOINS ACTUELS DE L'ÉGLISE ET DES NATIONS
SURTOUT DES NATIONS CATHOLIQUES DE L'EUROPE

PAR

LE P. J. LYONNARD

DE LA COMPAGNIE DE JÉSUS

In Cruce salus.
Le salut est dans la Croix.

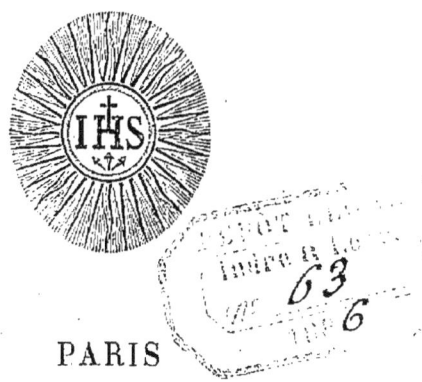

PARIS

LIBRAIRIE Vᵉ POUSSIELGUE ET FILS

RUE CASSETTE, 27

—

1866

APPROBATION

En nous annonçant cette approbation de notre livre par Mgr Dabert, évêque de Périgueux et de Sarlat, M. Bonnet, chanoine honoraire, secrétaire, veut bien nous écrire :

« Monseigneur vous accorde très-volontiers l'*Im-
« primatur* que vous sollicitez ; il veut que je vous
« remercie, au nom de l'Église, du bien qu'est appelé
« à réaliser votre nouvel ouvrage. »

Périgueux, le 17 novembre 1865.

IMPRIMATUR :

† N.-JOSEPH,
Évêque de Périgueux et de Sarlat

AU LECTEUR

Connaissez-vous un livre, plein de doctrine et de piété, publié sous ce titre : l'*Apostolat de la prière* (1). Si la divine Providence ne l'a pas encore placé sous votre main, hâtez-vous de vous le procurer. Vous ne sauriez faire de lecture plus utile à votre âme. Entre ce livre et celui que nous venons à notre tour vous offrir, il existe une liaison intime, et si son pieux auteur veut bien nous autoriser à user de cette expression, une sorte de parenté. Nous osons même dire qu'on ne saurait profiter complétement de l'un sans avoir bien compris la doctrine de l'autre. Quelques mots d'explication suffiront pour mettre cette pensée au grand jour. Dans le temple ou tabernacle élevé par Moïse à la gloire du Très-Haut, il y avait deux autels. Le premier se trouvait

(1) *L'Apostolat de la prière*, par le P. Ramière, de la Compagnie de Jésus.

dans le vestibule même du temple : c'était l'*autel des holocaustes*. On y égorgeait les victimes, les boucs et les génisses; on y répandait le sang des taureaux. Le second s'élevait majestueusement dans l'intérieur du temple, occupant une place d'honneur vis-à-vis du saint des saints : c'était *l'autel des parfums*. Chaque jour, à certaines heures, les prêtres du Seigneur venaient y brûler un encens suave, dont le doux parfum s'élevait en fumée odorante vers le trône de l'Éternel. Mais comme si cet hommage eût été incomplet ou même impuissant, une fois chaque année le grand prêtre Aaron, déployant toute la pompe sacerdotale, s'avançait d'un pas solennel; et tenant dans ses mains un vase de sang, pris sur l'autel des holocaustes, il s'approchait de l'autel des parfums et rougissait chacun de ses angles par une onction sacrée. C'est ainsi que le souverain arbitre du monde, le Dieu de toute majesté, voulait que pour l'honorer dignement, l'homme, sa créature raisonnable, lui offrît dans un même sacrifice les dons en apparence les plus opposés, le *sang* et les *parfums* : symbole admirable et du plus haut enseignement.

Écoutez sur cette cérémonie symbolique de l'ancienne loi le beau commentaire de saint Grégoire : « Sachez, dit ce grand pape, que dans le temple de votre âme il y a deux autels, l'autel des *holocaustes* et l'autel des *parfums*. Vous ne serez admis à offrir sur ce dernier l'encens de vos prières qu'après avoir répandu sur le premier le sang d'une victime, c'est-à-dire, immolé vos passions. Non, il ne vous sera pas donné de pénétrer dans le sanctuaire, si par de convenables expiations vous n'avez trouvé grâce devant le Seigneur. L'encens de vos prières ne montera vers lui comme un parfum d'agréable odeur que quand par une immolation généreuse vous aurez soumis à Dieu vos volontés et vos penchants. » *Souffrir et prier* dans un sentiment d'humilité, de confiance et d'amour, en union avec Jésus-Christ, voilà donc par excellence le sacrifice agréable au Seigneur, voilà donc aussi le plus efficace moyen d'assurer son propre salut et de contribuer à celui des autres. Maintenant, pieux lecteur, vous entrevoyez l'intime connexion qui existe entre l'*Apostolat de la prière* et l'*Apostolat de la souffrance*. Prier et souffrir sont deux conditions de vie surnaturelle. Séparer l'une de l'autre, surtout dans l'exercice du zèle apostolique, c'est s'exposer à en compromettre le résultat. Au voyageur il faut deux pieds pour marcher; au fidèle qui veut dans une large mesure contribuer pour sa part au salut des âmes, il faut prier et souffrir.

Chrétiens fervents qui aimez les âmes, que Jésus a tant aimées, voici donc un nouveau défi porté à votre zèle. Une plume vouée à l'une des plus saintes œuvres du temps présent, vous a dit : *Priez pour les âmes; votre prière unie à celle du cœur sacré de Jésus les sauvera.* A notre tour, jetant notre faible voix dans cette vaste arène où tant de pauvres enfants d'Adam se débattent contre l'ennemi de tout bien, nous venons vous dire : *Souffrez pour les âmes; unies à celles du cœur agonisant de Jésus, vos souffrances les sauveront.*

L'humble Fils de Marie, Jésus crucifié est aujourd'hui comme toujours l'unique médiateur entre Dieu et les hommes. Si notre siècle doit être sauvé (et il le sera, s'il s'humilie), il devra uniquement son salut à Jésus crucifié, et aux victimes volontaires qu'il daigne associer à son sacrifice. « Si ce n'est pas la fin de la tragédie humaine, a dit un publiciste catholique de nos jours, si après ce triomphe et cette apostasie, il y a encore un avenir pour le monde, le monde se sauvera comme il s'est une première fois sauvé ; il se sauvera parce que le Christ aura trouvé des martyrs. Une seconde fois, la liberté descendra du Calvaire sanglante et immortelle, et elle recommencera d'implanter dans le cœur des hommes les vérités qui seules ont le privilége de les soustraire à l'esclavage de l'homme, parce que seules elles les font enfants et serviteurs de Dieu. » Dieu ne suit pas, en effet, dans l'œuvre de la régénération, deux plans de Providence. De toute éternité il a résolu de sauver le monde par la croix ; jusqu'au dernier jour du monde il suivra avec une invariable constance ce programme divin. La prière et le sang versé de Jésus au jardin des Oliviers et sur le Calvaire ont tiré de l'abîme d'erreur et de corruption où il était enseveli, l'ancien monde. La prière et le sang des martyrs des trois premiers siècles, unis aux prières et au sang de l'Homme-Dieu, ont achevé cette grande œuvre. Qu'on ne s'y trompe pas, c'est encore la prière et le sang de Jésus versé au jardin des Oliviers et sur la Croix qui arrêteront le monde moderne sur le bord du même abîme, où des hommes pervers voudraient le replonger en le ramenant au paganisme des anciens jours. Et ce sont les prières et les souffrances des chrétiens, membres vivants de Jésus-Christ, qui contribueront le plus efficacement à cette grande œuvre de préservation et de délivrance. Le monde est soutenu par les mérites des saints, a dit un pieux personnage. De nos jours plus que jamais cette sentence trouve son application. Oui, après Jésus, c'est dans la prière et dans les souffrances des saints, c'est-à-dire, des catholiques fervents, que réside le principal espoir de salut de la génération présente. De quelque mépris que ce siècle ingrat les environne ; de quelque haine qu'il les poursuive, qu'il sache bien que son sort est entre leurs mains. Sans l'intervention charitable de ces fidèles disciples du Christ, qui prient et qui souffrent pour apaiser le courroux divin, il y a longtemps que cette génération coupable aurait subi les dernières rigueurs de la vengeance céleste, ou, ce qui est pire que tous les fléaux, aurait été peut-être impitoyablement livrée à son sens réprouvé. Mais la prière et le sacrifice des saints retiennent les bras de Dieu, toujours prêts à s'appesantir sur elle ; et c'est ce qui explique comment, malgré tant de crimes et d'abominations, dont nous sommes chaque jour les témoins, l'infinie charité de notre Père des cieux nous supporte et continue à nous combler de ses bienfaits. Qu'il en soit à jamais béni !

Pour vous, pieux lecteur, qui voyez comme nous les grandes plaies de ce siècle, vous ne voudrez pas demeurer oisif et sans action en présence de tant de maux à guérir, de tant de bien à réaliser. Nous en avons la confiance, après avoir lu ce petit livre, vous n'hésiterez pas à vous associer à la pacifique croisade que nous vous proposons. Avec la *prière*, l'arme principale en est la *souffrance* généreusement supportée en union avec Jésus-Christ pour obtenir de l'infinie miséricorde de Dieu la cessation des calamités qui affligent la sainte Église, notre Mère, et la destruction des causes de ruine et de scandale qui précipitent chaque jour un si grand nombre d'âmes en enfer ! Oui, bien-aimé lecteur, plus il y aura d'*apôtres* de la *prière* et de la *souffrance,* qui consentiront à prier et à souffrir pour ce siècle coupable, plus il y aura pour lui garantie de retour au bien, et par conséquent espoir de salut. Que cette conclusion vous serve à la fois de guide et de stimulant dans la lecture de ce livre, dont nous faisons très-humblement hommage au cœur agonisant de Jésus et au cœur compatissant de Marie. Daignent ces deux aimables cœurs, victimes de douleur et d'amour, agréer et bénir ce faible travail et lui faire porter au centuple des fruits de salut pour le temps et pour l'éternité !

L'APOSTOLAT
DE LA SOUFFRANCE

CHAPITRE PREMIER

LA SOUFFRANCE CONDITION INÉVITABLE DE L'HOMME SUR LA TERRE

Un saint homme a écrit ces mots dans un livre qu'on ne saurait trop méditer (1) : Portez vos pas où vous voudrez; disposez toutes choses comme vous l'entendrez; tournez-vous en quelque sens et de quelque manière qu'il vous plaira, vous ne parviendrez jamais à éviter la souffrance. Compagne inséparable de votre vie mortelle, elle vous suit partout avec une persistance infatigable. N'essayez pas de lui échapper par une fuite impétueuse et soudaine, vous ne sauriez vous réfugier nulle part sans porter la croix avec vous; elle fait partie de votre existence. Vous la portez dans vos membres, siége de toutes les douleurs vous la

(1) *Imitation de Jésus-Christ.*

portez dans votre âme, demeure ouverte à toutes les tribulations ; elle est pour vous un hôte de toutes les heures, de tous les instants. La croix, c'est un autre vous-même. Si ce tableau vous paraît exagéré, veuillez jeter un regard sur vous et autour de vous; recueillez vos souvenirs ; prêtez l'oreille à vos propres gémissements ; interrogez votre histoire et par contre-coup celle de bien d'autres ; car sous le rapport de la douleur votre histoire est plus ou moins celle de tous. Nous supposons que vous êtes un simple chrétien vivant dans le monde. N'est-il pas vrai qu'il est bien peu de pages du journal de votre vie où ne figure sous une forme où sous une autre quelqu'une de ces expressions, qui, à travers mille nuances diverses, signifient toutes une seule et même chose : *souffrir?* Voulez-vous que d'un coup d'œil rapide nous parcourions ensemble quelques-unes de ces pages trop tôt oubliées? Sans nous arrêter aux larmes de votre berceau et de votre première enfance, passons, si vous le voulez bien, aux jours de la jeunesse et de l'âge mûr; quant à la vieillesse, âge du déclin et des infirmités, nous savons d'avance qu'elle n'est que travail et douleur ; c'est l'Esprit-Saint lui-même qui l'affirme, et l'expérience est là pour le confirmer : *Labor et dolor.* Prenez donc et lisez dans ce livre qui renferme de si salutaires leçons. *Tolle, lege.*

Voici la page qui correspond aux années de votre première éducation. Alternative de joies et de tristesses, de jeux bruyants et de sévères privations. J'achève les premiers éléments de la science au prix de sacrifices pénibles chaque jour renouvelés. La mort prématurée de ma pauvre mère me laisse à moitié orphelin; je verse bien des pleurs sur sa tombe. — Pauvre enfant! si jeune encore, et vous avez déjà bien souffert! — Poursuivons. — La page qui suit sera, il faut l'espérer, moins lugubre : « Beau jour de ma première communion! Avec mon Dieu la joie du ciel est descendue dans mon âme. Hélas! pourquoi faut-il que cette joie soit mêlée d'amertume? J'ai la douleur de ne point voir auprès de moi ma pauvre mère à la sainte table; et mon père, indifférent pour sa religion, refuse de m'y accompagner. — Eh quoi! mon fils, un jour si beau n'a pas été pour vous sans nuage! Où trouver pourtant dans la vie un jour plus pur et plus serein! Nous voici parvenus aux orages de votre jeunesse. — J'ai le malheur de me lier d'affection avec des amis dangereux. Ils m'entraînent dans leurs égarements. Désormais ma vie ressemble à celle du prodigue. J'en reproduis l'une après l'autre les tristes phases. Même effervescence, même avidité du plaisir, même oubli de mes devoirs, mêmes rêves enchanteurs, mêmes déceptions, même détresse, surtout mêmes remords. A certaines heures de solitude et de silence une indicible angoisse me serre le cœur au souvenir de ma pieuse mère et de ses chrétiennes recommandations. Ce souvenir joint à la grâce de Dieu me ramène. Je dépose aux pieds du prêtre le lourd fardeau de mes péchés. Avec la sainte absolution la paix est rentrée dans mon âme. Je ne la conserve qu'en me faisant violence et en me dévouant courageusement à une lutte de tous les jours. Ainsi se passe ma jeunesse parmi les tempêtes, les combats, les chutes, et quelques victoires chèrement achetées.

Je le vois, vous avez souffert. Mais combien d'autres ont été encore plus éprouvés que vous! Toujours vous avez eu du pain, des vêtements, un abri. Combien de pauvres orphelins ont manqué de tout! Toujours vous avez joui d'une santé prospère. Combien de compagnons de votre enfance, jeunes plantes flétries avant l'âge, ont langui sous le poids de précoces infirmités! Après vos chutes, vous vous êtes relevé, grâce à l'infinie miséricorde de Dieu et aux prières de votre bonne mère qui est au ciel. Combien d'autres sont allés plus loin que vous dans la voie de l'iniquité, ont roulé d'abîme en abîme, et traînent peut-être encore la pesante chaîne du péché et du remords! Bénissez donc le Seigneur; et, puisque vous l'avez commencée, continuez rapidement votre histoire.

— Une fois établi dans le monde, les soins de ma famille et de mes affaires ont absorbé tous mes instants. Le vent de la fortune me favorise. Bientôt il me devient contraire. Parmi mes nombreux amis et jusque dans ma parenté, je vois surgir des ennemis et des ingrats. Peu à peu cependant mes affaires se relèvent. Ceux qui m'avaient fui se rapprochent de moi ; je vois grandir mes enfants sous mes yeux ; je me réjouis en pensant qu'ils seront un jour le soutien de ma vieillesse. Semblable au voyageur fatigué, je m'arrête pour respirer à l'aise après une marche longue et pénible. Ce repos n'est pas de longue durée ; une seconde visite de la mort vient empoisonner ces joies si légitimes. En peu d'années elle m'enlève mon vieux père, mon épouse et l'un de mes enfants. Pour comble de malheur, parmi les deux fils qui me restent, il en est un qui fait ma désolation par sa conduite licencieuse et par ses mauvais procédés envers l'auteur de ses jours. Dans une extrémité si fâcheuse, je commence à comprendre que le véritable repos est en Dieu seul, et dans l'accomplissement de sa volonté sainte.

— Ainsi ce n'est qu'en acceptant la croix avec résignation que vous êtes parvenus à goûter quelque joie en ce monde, où l'on en rencontre si peu !

— Oui ! après tant de revers, Dieu m'a fait cette grâce ; qu'il en soit à jamais béni ! — Voilà donc votre vie! — Elle a été bien orageuse. J'attribue ces orages à mes nombreux péchés. Si j'avais été plus fidèle, j'eusse assurément été plus heureux. — Vous dites vrai, vous auriez du moins évité la poignante épreuve du remords. Ne croyez pas cependant qu'il eût existé entre vous et la douleur une infranchissable barrière; vous auriez souffert avec plus de courage, avec plus de consolation, surtout avec fruit et plus de mérites, mais vous auriez souffert. La seule nécessité de se faire violence pour être vertueux est déjà un sacrifice. Les professions les plus saintes, les cloîtres les plus retirés ne sont point un abri contre la croix. Les âmes généreuses ne s'y réfugient que pour mieux l'y rencontrer; elles l'y trouvent, en effet, avec tous ses charmes, mais en même temps avec ses saintes rigueurs, dans la pratique de la règle, dans l'observation des vœux, surtout de l'obéissance, qui brise vingt fois le jour leur propre volonté; en sorte qu'il n'est aucune condition humaine à qui on ne puisse appliquer avec raison ces paroles de saint Augustin : « La vie présente est un pèlerinage fatigant; elle est fugitive, incertaine, laborieuse; elle expose à toutes les souillures, et traîne à sa suite tous les maux. On ne doit pas l'appeler vie, mais l'appeler mort. » En effet, l'homme meurt à chaque instant. Qu'est-ce qu'une vie que les humeurs altèrent, que les douleurs épuisent, que les chaleurs dessèchent, qu'un souffle empoisonne, que les plaisirs dissolvent, que le chagrin consume, que l'inquiétude abrége?... La richesse nous porte à la jactance, la pauvreté nous humilie, la jeunesse nous enorgueillit, la vieillesse nous courbe, la maladie nous brise, la tristesse nous accable. A tous ces maux succède l'implacable mort.

Ce serait ici le lieu, pour compléter ce tableau de tribulations humaines, de parler des épreuves par où il plaît au Seigneur de faire passer ses serviteurs les plus fidèles. Nous réservons cet intéressant sujet pour un des chapitres suivants. Pour le moment résumons-nous, et concluons en disant que si vous avez beaucoup souffert, vous avez en cela partagé la destinée commune. Plusieurs ont pu rencontrer sur leur chemin moins d'épines et moins d'épreuves. Beaucoup en ont rencontré davantage. Tous ont eu leur part de ce calice de tribulation. Bon gré, mal gré, chacun de nous doit venir y coller ses lèvres et y boire à longs traits le suc amer mais salutaire de la croix. Être enfant d'Adam et souffrir sont ici deux choses inséparables. Hâtons-nous de dire, pour notre commune consolation, que si elle est chrétiennement supportée, cette souffrance devient pour nous la source féconde des plus grands biens.

CHAPITRE SECOND

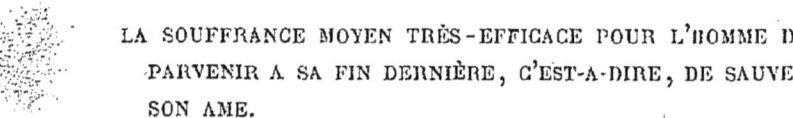

LA SOUFFRANCE MOYEN TRÈS-EFFICACE POUR L'HOMME DE PARVENIR A SA FIN DERNIÈRE, C'EST-A-DIRE, DE SAUVER SON AME.

En lisant le précédent chapitre, cher lecteur, vous n'avez pas sans doute pris le change sur nos intentions, et cru qu'en choisissant pour type de la souffrance un simple chrétien établi dans le monde, nous prétendions ne nous adresser qu'à une seule catégorie de lecteurs. S'il en était ainsi, vous vous seriez mépris, et nous attribuerions à notre maladresse de vous avoir induit en erreur. En personnifiant la douleur dans un homme quelconque, nous avons voulu la personnifier en vous-même, moins les écarts de ce prodigue, auquel par la miséricorde de Dieu vous avez sans doute échappé. Mais seriez-vous un ange terrestre, un ange revêtu d'un corps mortel, comme on l'a dit de saint Louis de Gonzague, vous ne seriez pas moins, en votre qualité d'enfant d'Adam, débiteur de la souffrance, sujet de la douleur. Oui, qui que vous soyez, à quelque condition que vous apparteniez, que vous habitiez un palais ou l'humble cellule d'un cloître, prenez pour vous, avec les modifications qui vous sont personnelles, tout ce qui vient d'être dit; car la souffrance est le partage inévitable de tout homme, elle se mêle à son existence comme l'air à sa respiration. Mais voici une considération nouvelle bien propre à vous encourager dans les peines inséparables de la vie : cette souffrance si amère à vos lèvres, si navrante pour votre cœur, si humiliante pour votre esprit, est un moyen des plus efficaces pour vous faire parvenir avec l'aide de Dieu à votre fin dernière, c'est-à-dire à votre salut éternel.

Par souffrance nous entendons ici tout ce qui peut survenir à l'homme de fâcheux et de pénible à supporter dans le cours de la vie mortelle. Ainsi les maladies, les revers de fortune, la perte des biens, des parents, l'abandon des amis, les chagrins domestiques, les calamités publiques, les fléaux, les persécutions, les difficultés de la vertu, la pratique de la mortification chrétienne, les désolations, les tristesses, l'agonie, la mort, en un mot, toutes ces choses affligeantes qui arrachent à la poitrine de l'homme tant de soupirs, à ses yeux tant de larmes, voilà ce que nous appelons *souffrir*.

Or, c'est de cette multitude d'adversités et de douleurs qui désolent les enfants d'Adam que nous disons : Dans l'ordre actuel de la Providence elles sont, en Jésus-Christ et par Jésus-Christ, le moyen le plus efficace pour l'homme déchu de se relever de sa chute et de rentrer dans la voie du salut éternel. Pour comprendre cette vérité consolante il suffit de dire que la souffrance est par excellence le grand *moyen d'expiation;* et c'est par l'*expiation* que l'homme déchu rentre en grâce avec son Dieu.

Depuis la chute d'Adam, notre premier père, un besoin nouveau et mystérieux s'est révélé au sein de l'humanité, c'est le besoin d'expiation. A partir de ce moment funeste, qui marque si tristement l'origine de nos malheurs, l'humanité tout entière s'est regardée comme un grand coupable, et s'est sentie instinctivement pressée du besoin de recourir au sacrifice pour apaiser la Divinité. De là chez tous les peuples, même les peuples barbares, la coutume d'immoler des victimes et de placer le sacrifice au premier rang parmi leurs rites religieux. Sans doute, dans l'application de ce besoin inné au cœur de l'homme déchu, de monstrueuses erreurs sont venues se glisser. On a vu des peuples féroces, donnant à ce principe une sanguinaire interprétation, immoler des victimes humaines et chercher à apaiser la divinité par ce sacrifice cruel. Mais, quelque révoltants qu'ils fussent, ces actes de barbarie attestaient d'une manière évidente la foi des peuples à la vertu expiatrice du sang répandu. Sans s'en douter ils rendaient témoignage à l'oracle de saint Paul, qui bientôt devait dire aux nations, en leur montrant l'homme Dieu crucifié sur le Calvaire : « Il n'y a pas de rémission pour vous, si pour vous il n'y a pas de sang répandu : » *Sine sanguinis effusione, non fit remissio.* (Hebr., IX.)

Mais afin de pénétrer jusqu'au fond des choses, demandons-nous quelle a pu être la raison de cet instinct des peuples, et de cette parole du grand Apôtre, c'est-à-dire, quel est le fondement de cette conviction universelle qui attribue au sang répandu une vertu toute-puissante d'expiation, la voici : Le sang est le principe matériel de la vie dans l'homme ; verser son sang c'est donner sa vie ; donner sa vie c'est faire le plus grand sacrifice dont un homme soit capable. Notre-Seigneur l'a dit : « Nul ne peut témoigner à ses amis un plus grand amour que de donner sa vie pour eux : » *Majorem hac dilectionem nemo habet, ut animam suam ponat quis pro amicis suis.* (Joan., xv.)

Or, l'outrage dont l'homme s'était rendu coupable envers la majesté divine était si grand, que pour l'expier dignement il fallait qu'il eût recours au plus grand de tous les sacrifices, au sacrifice de son propre sang, et par conséquent de sa vie. Mais depuis sa chute le sang de l'homme était sans prix. Corrompu dans son origine comme le ruisseau qui jaillit d'une source empoisonnée, le sacrifice que l'homme en eût fait à Dieu ne pouvait lui être agréable. Pour que Dieu se déterminât à en accepter l'offrande, il fallait que par une opération préalable, dont seul il avait le secret, ce sang fût purifié de son antique souillure et rendu à sa première limpidité. Cette opération merveilleuse, qui devait jeter le ciel et la terre dans le plus grand étonnement, le Verbe de Dieu, Fils unique du Père, a daigné l'accomplir en notre faveur en s'unissant hypostatiquement à notre nature, en prenant dans le sein de la très-pure Vierge Marie notre chair et notre sang, mais une chair sans tache et sans souillure ; un sang très-pur, plus limpide que la rosée du matin, plus vermeil et plus éclatant que le rayon du soleil. Tel est le sang dont Dieu voulait le sacrifice comme prix de notre rédemption. A la condition de ce sang versé en holocauste d'expiation, Dieu pardonnait à l'homme, et l'homme, grâce à la vertu infinie de ce sang répandu, pouvait à son tour se présenter devant Dieu, et lui offrir son propre sang, certain d'être favorablement accueilli. Désormais donc le sang de l'homme pécheur, purifié par le sang de l'Homme-Dieu, peut être offert au Seigneur en sacrifice d'expiation, et Dieu, qui aime son Fils d'un amour infini, voyant son sang divin mêlé au sang de l'homme, pardonne à ce dernier en vertu des mérites du sang de son Fils, répandu sur la croix.

Et maintenant de cette doctrine consolante faisons une application particulière à notre sujet. Puisque le sang de Jésus-Christ versé sur le Calvaire est le seul sacrifice expiatoire qui soit agréable au Seigneur, il s'ensuit que les expiations personnelles de l'homme déchu ne pourront lui être agréables qu'autant qu'elles seront unies à l'expiation du Fils de Dieu, et élevées en vertu de cette union à une dignité divine, à un prix divin.

Sans doute, en répandant son sang Jésus-Christ expie pour tous les hommes; mais il veut que chaque homme joigne ses propres expiations à la sienne, afin que par ce moyen il s'en applique la vertu. Voulez-vous donc participer au mérite et à la divine efficacité de la grande expiation du Calvaire, unissez vos expiations à celle de Jésus; c'est-à-dire, mêlez votre sang au sang expiateur de Jésus; car ce n'est que par l'effusion du sang qu'on expie pour soi et pour les autres.

Qu'est-ce à dire? vous écriez-vous. Faut-il donc, pour participer à la vertu du sang du Fils de

Dieu, que l'homme déchu répande son propre sang? Assurément si le divin Médiateur exigeait de nous cette condition, nul ne devrait y trouver à redire. Il en a le droit, mais il veut bien ordinairement se contenter d'un moindre sacrifice. Cependant nous ne craignons pas de l'affirmer : oui, d'une certaine manière il demande et il exige du sang. — Mais encore, poursuivez-vous, quel sang demande-t-il? Est-ce celui qui coule dans nos veines? — En témoignage de sa foi tout chrétien doit être prêt à le répandre, et il se rendrait coupable du crime d'apostasie, si en cette circonstance solennelle il refusait de payer à son Maître et à son Roi le tribut de son sang. Néanmoins, répétons-le, il n'exige pas ordinairement de nous ce suprême sacrifice. Écoutez saint Bernard, c'est lui qui va vous donner l'explication de cette énigme. *Est martyrii genus, est quædam effusio sanguinis in quotidiana corporis afflictione.* L'exercice de la pénitence, dont nul homme n'est dispensé, les quotidiennes afflictions du corps, et nous pouvons ajouter celles de l'âme, sont une sorte de martyre, une certaine effusion de sang. C'est ce martyre que Dieu vous demande; c'est cette effusion de sang qu'il réclame de vous. Faites pénitence, supportez patiemment les travaux et les maladies du corps, les épreuves et les afflictions de l'âme; et vous répandez votre sang; vous expiez pour vous-même et vous pouvez expier pour les autres. Oui, non-seulement les souffrances extérieures du corps, mais encore les souffrances intérieures de l'âme, c'est du *sang répandu*. Vous êtes triste ; la mort, la cruelle mort vient de creuser autour de vous un vide profond : ah ! c'est une blessure sanglante faite à votre cœur. Le sang de votre âme coule à flots par cette blessure. Nous le disons tous les jours, et les formes habituelles du langage rendent encore ici témoignage à la vérité. Le cœur lui saignera longtemps, disons-nous de cette pauvre mère, à qui la mort vient d'enlever un fils chéri, unique objet de sa tendresse.

Redisons donc avec saint Bernard, en donnant à sa pensée toute l'extension dont elle est susceptible : Oui, les afflictions du corps et de l'âme sont une sorte de martyre, une sorte d'effusion du sang : *Est martyrii genus, quædam effusio sanguinis in quotidiana corporis afflictione*. Uni au sang expiateur de Jésus-Christ, ce sang mystérieux qui s'échappe par toutes les blessures du cœur chrétien participe largement à la vertu d'expiation de la victime du Calvaire. Voilà pourquoi les larmes de la pénitence, qu'un saint personnage a si bien appelées le *sang de l'âme*, expient et réparent avec tant d'efficacité les plus longs égarements d'une vie coupable.

David a commis un grand crime. Le Seigneur

irrité exige une solennelle réparation. En son nom le prophète Nathan vient trouver le roi, et lui dit avec une sainte hardiesse : « Prince, vous êtes coupable, *tu es ille vir*. C'est pourquoi le fléau de Dieu va passer sur vous. » David incline sa tête royale sous la sentence de l'homme de Dieu. Repentant et humilié, il abaisse jusqu'à la poussière ce front de monarque que tant de gloire a couronné ; et tandis que la colère de Dieu passe sur lui, tandis que, selon l'oracle du prophète, la mort fait le ravage autour de lui, et enlève à David ce qu'il a de plus cher, ce saint roi, les yeux en pleurs, se frappe la poitrine et s'écrie dans son douloureux repentir : « Seigneur, j'ai péché, » *Peccavi*. Vous savez comment se termina cette dure épreuve. Le Seigneur, infiniment miséricordieux, pardonna à David et continua à le combler de ses plus ineffables faveurs.

Vous le voyez, il y a dans l'affliction, même dans celle qui est le juste châtiment du péché, pourvu qu'elle soit endurée avec patience, une salutaire vertu d'expiation, et par conséquent un moyen très-efficace de faire parvenir l'homme à sa fin dernière.

Et ici admirons ensemble, cher lecteur, combien Dieu se montre miséricordieux envers l'homme jusque dans les châtiments qu'il lui inflige. « Il veut, dit saint Augustin, que nous soyons accablés d'afflictions, que nous devenions l'objet des rebuts, des humiliations, des mépris du monde, afin de nous rebuter nous-mêmes de l'amour du siècle et de retirer notre cœur de toutes les choses temporelles, pour l'élever par de saints désirs à la recherche du souverain repos, qui ne se trouve pas dans cette vie. »

Lors donc que la divine Providence vous envoie des tribulations, c'est alors surtout qu'elle s'occupe de votre bonheur, alors qu'elle vous instruit par la voix éloquente de la souffrance et qu'elle vous dit : *Sursum corda* : Le cœur en haut ! Puisque la terre n'est pour vous qu'un champ couvert d'épines, élevez-vous au-dessus de la terre. Contemplez l'heureuse région où j'habite. C'est là que tous vos désirs seront satisfaits.

Cette manière d'envisager la souffrance est la seule qui soit digne d'un chrétien, d'un disciple de Jésus crucifié. « La loi la plus propre de l'Évangile, dit Bossuet, est celle de porter sa croix. La croix est la vraie épreuve de la foi, le vrai fondement de l'espérance, le parfait épurement de la charité, en un mot, le chemin du ciel. Jésus-Christ est mort à la croix, il a porté sa croix toute sa vie ; c'est à la croix qu'il veut qu'on le suive ; et il met la vie éternelle à ce prix. Le premier à qui il promet en particulier le repos du siècle futur est un compagnon de sa croix : « Tu seras, lui dit-il, aujourd'hui avec moi en paradis... » Aussitôt que Jésus-Christ fut à la croix, le voile qui couvrait le sanctuaire fut déchiré du haut en bas, et le ciel fut ouvert aux âmes saintes. C'est au sortir de la croix et des horreurs de son supplice qu'il parut à ses apôtres glorieux et vainqueur de la mort, afin qu'ils comprissent que c'est par la croix qu'il devait entrer dans sa gloire, et qu'il ne montrait point d'autre voie à ses enfants. Elle est donc bien vraie cette parole de saint Cyprien : *Les souffrances sont des ailes avec lesquelles je m'envole au ciel.*

Terminons ce chapitre par cette encourageante parole de saint Jean Chrysostome: « Pour consoler les âmes qui se plaignent des maux qui les affligent, et qui n'ont ni assez de raison ni assez de courage pour les supporter, l'apôtre saint Paul les ranime et leur dit : « Un court et léger moment de tribulation produit pour nous un poids éternel de gloire. » Ce qui veut dire, ajoute l'éloquent interprète : « L'affliction est pour nous ici-bas une source de biens ; elle rend notre âme et plus sage et plus ferme ; elle nous ménage pour l'avenir des avantages qui n'ont aucune proportion avec nos travaux, et qui l'emportent de beaucoup sur toutes les fatigues de nos combats. »

CHAPITRE TROISIÈME

LE CHRÉTIEN ÉLEVÉ PAR JÉSUS-CHRIST A L'ÉTAT DIVIN,
OU DÉIFICATION DU CHRÉTIEN PAR JÉSUS-CHRIST.

Comme il importe au but apostolique que nous nous proposons, de faire ressortir de plus en plus le prix des souffrances, nous croyons nécessaire de pénétrer plus avant dans la raison des choses, et de montrer par des preuves solides le caractère divin et par conséquent la divine fécondité de la souffrance du chrétien dans l'ordre du salut des âmes. Pour cela il est indispensable qu'avant tout nous établissions le caractère divin du chrétien lui-même en qui la souffrance réside. Plus que jamais du reste, en présence des dénégations impies de l'incrédulité moderne, il devient opportun d'insister sur la doctrine pour nous si glorieuse de notre incorporation à Jésus-Christ, c'est-à-dire de la *déification* de notre nature par Jésus-Christ.

C'est pour cette double raison que nous en faisons le sujet du présent chapitre.

Il est de foi que le Verbe de Dieu en s'unissant hypostatiquement à la nature humaine a élevé cette nature à un état divin ; ainsi nous pouvons dire en toute vérité du corps et de l'âme que le Fils de Dieu s'est personnellement unis : c'est le corps d'un Dieu, c'est l'âme d'un Dieu.

Nous pouvons dire des fonctions sacrées de ce corps et des saintes opérations de cette âme, ce sont les actions, les opérations d'un Dieu. Enfin, s'il s'agit des douleurs de ce corps, des tribulations de cette âme, nous pouvons ajouter sans la moindre crainte d'erreur : Ce sont les souffrances d'un Dieu.

Or la foi nous apprend aussi que par le baptême le chrétien contracte avec la sainte humanité de Jésus-Christ et par elle avec sa divinité une union mystérieuse très-réelle et très-intime, en vertu de laquelle il est rendu participant dans une certaine mesure des qualités divines de cette auguste humanité. Nous ne saurions rien faire de mieux en une matière si élevée et si difficile que d'emprunter à un récent écrit du savant et illustre évêque de Poitiers (1) quelques passages qui feront resplendir cette vérité dans tout son éclat.

---

(1) Inst. synodale de Mgr l'évêque de Poitiers sur les principales erreurs du temps présent.

Soutenant contre le naturalisme moderne le dogme de l'incarnation du Fils de Dieu et de son extension à toute la nature humaine, l'éloquent prélat s'exprime ainsi : « Notre déification en Jésus-Christ et par Jésus-Christ est une vérité fondamentale du christianisme. Là sont nos titres de noblesse dans le présent et nos gages de félicité et de gloire pour l'avenir..... Plus le naturalisme enveloppe de ses ténèbres les sphères profanes, plus la science sacrée doit s'appliquer à poser dans la lumière le mystère complet du Christ, c'est-à-dire le mystère de la nature humaine déifiée hypostatiquement dans la personne individuelle de Jésus-Christ et déifiée adoptivement dans tous les membres du corps de Jésus-Christ, qui sont ses élus : déification qui rejaillit sur toute la création angélique et terrestre, dont l'homme est le centre et le trait d'union ; déification obligatoire et commandée tellement, que celui-là sera trouvé trop léger qui, posé dans la balance céleste, n'y apportera pas cet appoint surnaturel et cet ajouté divin... » Saint Augustin a dit, en effet, en parlant du Verbe fait chair : *Addidit quod erat naturæ nostræ*. C'est sans doute à ce texte du saint docteur que le savant prélat fait allusion. « Ah ! c'est ici qu'éclate l'immense charité de notre Père qui est aux cieux. Il n'a de toute éternité et il n'aura dans tous les siècles qu'un seul et unique Fils par nature. Mais, bien que ce Fils lui suffise, et qu'en lui toute sa force essentielle d'engendrer soit épuisée, il a voulu néanmoins, non point par l'exigence de son propre bonheur, mais par le désir du bonheur de ses créatures, élargir le cercle de la famille divine, communiquer à d'autres dans le temps le titre qui appartient à son Verbe de toute éternité.

« O adorable économie de la grâce !... Le Verbe qui était et qui sera à jamais l'unique Fils, égal et consubstantiel à Dieu, s'est manifesté dans la chair. De cet instant il y eut un homme qui put s'appeler et qui fut pleinement le Fils de Dieu. Cet homme toutefois n'était qu'une seule et même personne avec le Verbe divin, la qualité d'enfant de Dieu demeurait dans son inaccessible unité et n'entrait pas dans le nombre. Sans doute par l'effet de l'incarnation l'humanité entière acquérait une affinité précieuse avec Dieu..... Mais là ne devait pas s'arrêter le mystère de la déification. L'homme avait perdu par le péché le privilége de sa vocation et de sa destinée surnaturelle. Dépouillé des dons gratuits, il était blessé jusque dans sa nature..... Son état était un état de déchéance, de dépouillement, de souffrance, que dis-je : un état de péché et de damnation. Dommage irréparable, si le Verbe qui avait été le moyen de tout, ne s'était fait le remède de tout. »

Ici le savant évêque, alléguant plusieurs passages de saint Paul, explique comment par l'effusion de son sang le Fils de Dieu fait homme est devenu à la fois et ce moyen et ce remède; et après avoir dit que l'application de ce sang divin est faite à chacun de nous par les sacrements, que dans son langage énergique il appelle l'*infiltration du sang* de Jésus-Christ dans l'âme, il achève ce magnifique exposé de la doctrine de notre incorporation à Jésus-Christ en disant : « Le jour où nous devenons chrétiens, notre initiation ne nous confère pas seulement le nom, elle ne nous agrége pas seulement à la maison, elle ne nous engage pas seulement envers la doctrine de Jésus-Christ; elle imprime dans notre âme un sceau de ressemblance, un caractère indélébile ; elle nous communique intérieurement l'esprit d'adoption des enfants dans lequel nous crions : « Père » ; enfin par l'action sacramentelle du baptême et des autres signes, et mieux encore par la liqueur eucharistique, elle insinue au plus intime de notre être le sang de Celui en qui nous sommes adoptés. Par là nous entrons authentiquement dans sa race. *Ipsius enim et genus sumus*. Et parce que nous sommes de la race de Dieu, *genus ergo cum simus Dei* (Act., XVII), parce que notre filiation n'est pas purement nominale, mais rigoureusement vraie et réelle, nous devenons héritiers de plein droit et à titre de stricte justice, héritiers du Père commun que nous avons avec Jésus-Christ, cohéritiers par conséquent de l'aîné de notre race : *Si filii et hæredes : hæredes quidem Dei, cohæredes autem Christi.* Et c'est ainsi que, demeurant toujours le Fils unique du Père, il est cependant le premier-né d'un grand nombre de frères : *primogenitus in multis fratribus;* et qu'il ne déroge point à sa propre dignité en leur donnant cette glorieuse qualification : *Propter quam causam non confunditur fratres eos vocare.* (Hebr., II.) De là aussi cette locution si usitée, selon laquelle nous ne formons avec Jésus-Christ qu'un seul et même corps, dont il est la tête et dont nous sommes les membres (I Cor., XII), corps dont toutes les parties, unies et liées par des jointures régulières, se prêtent un mutuel secours d'après une opération assortie à la mesure de chaque membre, et forment cette organisation hiérarchique qui établit la dépendance dans l'unité, l'ordre dans la multiplicité. Rien n'est familier à la tradition des premiers siècles comme cette doctrine de l'incorporation des hommes à Jésus-Christ et des priviléges ainsi que des obligations qui en résultent pour nous. »

Nous avons cité un peu longuement. Mais comment lire des pages si éloquentes, et ne pas se laisser entraîner au désir, ou plutôt au besoin de s'en nourrir et de s'en nourrir encore, tant il y a dans chacune de ces lignes, comme dans les branches d'un arbre vigoureux et fecond, une séve abondante de vie, de cette vie divine dont le docte et pieux évêque a reçu le don de parler si bien.

CHAPITRE QUATRIÈME

LA SOUFFRANCE DU CHRÉTIEN ÉLEVÉE A L'ÉTAT DIVIN PAR JÉSUS-CHRIST, OU DÉIFICATION DE LA SOUFFRANCE DU CHRÉTIEN PAR JÉSUS-CHRIST.

Vous avez trop de perspicacité, cher lecteur, pour ne point apercevoir maintenant la conséquence pratique d'une si consolante doctrine. Veuillez la bien retenir et en faire votre profit quand la tribulation viendra vous visiter au nom du Seigneur. Puisque votre humanité individuelle a été par son union avec l'humanité sainte de Jésus-Christ élevée à un état divin, à une véritable *déification*, il s'ensuit que les actions et les souffrances de votre humanité, si vous les faites et les endurez en union avec Jésus-Christ, seront élevées par la vertu de cette union à un état divin, à une véritable *déification*, de telle sorte que, comme on peut dire de votre nature, unie à Jésus-Christ par le baptême et par les autres sacrements surtout par la très-sainte Eucharistie : c'est une *nature déifiée*; ainsi l'on pourra dire de vos actions et de vos souffrances, faites ou endurées en union avec Jésus-Christ, ce sont des *actions déifiées*, ce sont des *souffrances déifiées*, douées par conséquent d'une *efficacité déifique*.

Nous disons, faites ou endurées en union avec Jésus-Christ, parce que sans cette condition vos actions et vos souffrances, resteraient dans la sphère inférieure du terrestre, du naturel, de l'humain, et ne s'élèveraient pas à la région supérieure du céleste, du surnaturel, du divin. En effet, la qualité divine, l'état divin dont nous avons parlé dans le précédent chapitre, est déposé en vous par la vertu du baptême et des autres signes sacrés de la grâce, comme une habitude, et non point comme un acte ; comme une sorte de faculté surnaturelle d'opérer surnaturellement, divinement, et non point comme une action divine. En nous communiquant ce don céleste, en nous investissant de ce pouvoir nouveau, surajouté à notre nature, le distributeur généreux d'un si précieux trésor ne prétend pas nous enlever le don qu'il nous a déjà fait de nos facultés et aptitudes naturelles, surtout de notre liberté. Tout au contraire, il veut, après nous avoir prévenus de sa grâce, que nous la fassions en quelque sorte *nôtre* par une libre acceptation, par une libre adhésion, de telle sorte qu'avec le secours de cette même grâce nous puissions agir *surnaturellement*. Mais n'anticipons pas sur les conditions pratiques de la déification de nos souffrances par Jésus-Christ. Elles feront la matière d'un chapitre spécial. Pour le moment appliquons-nous à faire ressortir cette déification elle-même, en la mettant dans un plus grand jour.

En se faisant homme, le Fils de Dieu a sanctifié tous les états de l'homme, et leur a rendu, moyennant certaines conditions, ce que le péché d'Adam leur avait enlevé, leur *aptitude surnaturelle*. Je m'explique : l'homme par sa désobéissance s'était constitué l'ennemi de Dieu. Toute offrande venue de sa main était désormais une offrande sans prix. En vain dans cet état lui aurait-il fait hommage de ses joies et de ses tristesses, de ses trésors et de sa pauvreté, le Seigneur aurait répondu comme il répondit un jour au peuple d'Israël devenu rebelle : « Quel honneur me revient-il de la multitude de vos victimes ? J'en suis rassasié : » *Quo mihi multitudinem victimarum vestrarum? dicit Dominus. Plenus sum.* (Is., 1.) Mais la divine apparition du Fils de Dieu sur la terre est venue réparer toutes choses.

En s'unissant à notre nature par l'incarnation il a mêlé à notre humanité une séve divine qui la ravive, l'élève, l'agrandit, la divinise. Il a substitué à l'élément mortel qui la corrompait et la rongeait comme un cancer, l'élément vivifiant de son sang, qui lui rend la vie, la vie surnaturelle qu'il avait perdue. De ce moment à jamais mémorable, qui fut celui de la mort de Jésus-Christ sur la croix, l'homme, régénéré dans les flots de son sang, a trouvé grâce devant Dieu, et a pu désormais lui offrir comme un présent agréable, le sacrifice de lui-même, le sacrifice de ses biens, de ses honneurs, de ses plaisirs, surtout le sacrifice de sa pauvreté, de ses humiliations et de ses souffrances.

Oui, nous aimons à le redire, désormais ces offrandes de l'homme, pourvu qu'elles soient faites en union avec Jésus-Christ, seront reçues du Père comme un holocauste d'agréable odeur et jugées dignes d'une récompense éternelle. Mais parmi tous les sacrifices que l'homme devenu membre de Jésus-Christ peut offrir à son Père des cieux, il n'en est aucun qui lui soit aussi agréable que celui des afflictions qu'il endure à l'exemple et pour l'amour de Jésus crucifié.

La raison en est que le Fils de Dieu, en se faisant homme, s'est uni de préférence à une nature pauvre, humiliée et souffrante; et que par ce choix si honorable à la pauvreté, à l'humiliation et à la douleur, il a communiqué à chacune d'elles dans un degré supérieur l'élévation divine et le caractère divin dont nous parlons.

Il n'en a pas été ainsi de la prospérité, c'est-à-dire, des biens, des dignités et des légitimes plaisirs de la terre. Sans doute, Notre-Seigneur en bénit le bon usage et les rend dignes d'être offerts à Dieu. Mais remarquez la différence. Il sanctifie la prospérité temporelle tout en la refusant pour lui-même ; et il sanctifie, il divinise l'affliction en l'attirant à soi et en ne faisant, pour ainsi dire, qu'une même chose avec elle. L'une et l'autre participent à la vertu vivifiante et aux bénédictions du Sauveur. Mais la plus large part est faite à l'affliction, c'est-à-dire à la pauvreté, à l'humiliation, à la souffrance.

O doctrine infiniment consolante ! Vous êtes pauvre des biens de la terre, l'indigence vous fait sentir ses rigueurs, consolez-vous. Le Fils de Dieu en se faisant pauvre a divinisé la pauvreté. Supportez-la avec patience en union avec Jésus pauvre et indigent. Et votre pauvreté sera pour vous un trésor d'un prix infini. Par elle vous vous rapprocherez de Dieu, source de tous les biens, dont peut-être vous vous seriez éloigné dans une position plus prospère, parce que, livré tout entier à l'affection des biens de la terre, vous auriez peut-être pris en dégoût les biens du ciel. Vous n'avez maintenant pour vêtement que votre tristesse. Un jour le vêtement de l'indigence qui vous couvre sera transformé en un riche manteau de gloire : *Pallium laudis pro spiritu mœroris.* (Is.)

Vous êtes humilié, le monde vous prodigue à pleines mains l'outrage et le mépris, consolez-vous. Le Fils de Dieu en s'humiliant jusqu'à prendre une forme d'esclave a divinisé l'humiliation. Supportée avec esprit de foi en union avec les opprobres du Sauveur, elle est de tous vos titres de gloire celui qui vous conduira le plus sûrement à la bienheureuse immortalité. L'humiliation est une éponge mystérieuse qu'une main cachée passe sur votre vie pour en effacer les souillures. C'est un tissu d'une admirable beauté, mais dont vous ne découvrez pas la merveille, semblable à ces ouvriers de nos grandes manufactures, qui exécutent de magnifiques dessins sans avoir sous les yeux le résultat de leur ouvrage. Et cependant leurs œuvres traversent les siècles et font l'admiration de ceux qui les contemplent. Ainsi en est-il de vous, âmes affligées et humiliées. Vous composez un tissu dont vos yeux mortels n'aperçoivent pas la beauté toute céleste. Comme ces étranges ouvriers, vous ne voyez que le revers de votre ouvrage. Mais attendez quelques jours, quelques années, et ce travail en apparence si difforme vous apparaîtra tout rayonnant de splendeur. La cendre de l'humiliation obscurcit votre front, bientôt elle sera transformée pour vous en une brillante couronne de gloire : *Coronam pro cinere.* (Is.)

Vous êtes plongé dans la tristesse ; l'épreuve est venue vous visiter ; vous êtes en proie aux peines intérieures, aux angoisses du cœur, aux tribulations, aux agonies de l'âme ; des revers imprévus sont venus vous jeter dans la plus amère désolation ; une maladie affligeante vous cloue sur un lit de douleur ; la mort, l'impitoyable mort, vient de frapper ce que vous aviez après Dieu de plus cher au monde. Dans l'excès de votre douleur, vous vous êtes écriés avec ce roi dont parle la sainte Écriture : « O mort remplie d'amertume, que tes séparations sont cruelles ! » *Siccine separat amara mors!* Mais consolez-vous. Le Fils de Dieu, en s'abreuvant au calice amer de la plus douloureuse agonie au jardin des Oliviers et sur la croix, a sanctifié et divinisé toutes les tristesses, toutes les agonies du chrétien.

Ces épreuves pénibles que vous endurez, ces désolations d'un cœur blessé dans ses affections les plus chères, sont d'un très-grand prix auprès de Dieu, si vous avez soin de les unir et de les mêler au calice amer auquel le Fils de Dieu a collé ses lèvres au jardin des Oliviers, sur la croix et pendant tout le cours de sa vie mortelle. Car, dit le pieux auteur de l'Imitation, toute la vie de Jésus a été une croix et un martyre continuels : *Tota vita Christi crux fuit et martyrium.* Une seule de ces épreuves endurées avec patience et pour l'amour de Dieu ouvre à la pauvre âme affligée une source intarissable de consolations; en sorte que, pour me servir une troisième fois de l'expression d'Isaïe : Ces pleurs qui de vos yeux tombent sur vos lèvres, amers comme l'absinthe, se changeront pour vous en une huile de joie : *Oleum gaudii pro luctu.* (Is.)

Courage donc, ô vous tous qui souffrez, il y a dans vos afflictions unies à celles de Jésus-Christ une vertu surnaturelle et toute divine. Sanctifiée par cette union, votre souffrance est élevée à l'état divin, elle participe à l'insigne honneur de la *déification*. A ce prix, quel est le chrétien qui ne consentirait volontiers à souffrir, et ne s'écrierait avec saint Paul, qui comprenait si bien l'excellence divine des souffrances : « Loin de moi de me glorifier en autre chose qu'en la croix de Jésus-Christ : » *Mihi autem absit gloriari nisi in cruce Domini nostri Jesu Christi.* (Gal., vi.)

CHAPITRE CINQUIÈME

DIVINE EFFICACITÉ DES SOUFFRANCES DE JÉSUS-CHRIST,
NOTRE CHEF.

Après avoir établi par tout ce qui précède que les souffrances du chrétien sont élevées à l'état divin par Jésus-Christ, il faut aller plus avant ; et entrant dans quelques détails, montrer en quoi ces souffrances sont *déifiques*, c'est-à-dire, quels sont les divins effets qu'elles produisent et pour le chrétien qui les endure, et pour ceux en faveur desquels il les endure. Mais, afin qu'une doctrine à la fois si sainte et si consolante repose aux yeux du lecteur sur des fondements plus solides, ne la séparons pas du principe divin à qui elle doit toute sa raison d'être, comme la branche doit sa vie au tronc.

C'est la comparaison dont se sert Jésus-Christ lui-même, et sur laquelle nous aurons l'occasion de revenir. *Ego sum vitis, vos palmites.* (S. Jean,

iv, 15) : « Je suis la vigne, vous êtes les branches. »
Parlons donc de la divine efficacité des souffrances
de Jésus-Christ notre chef. Il nous sera plus facile
de comprendre la divine efficacité des souffrances
du chrétien, membre de Jésus-Christ.

Les souffrances du Sauveur Jésus étant divines
puisqu'il est Homme-Dieu, tirent de ce caractère
sacré une efficacité toute divine Par elles, en effet,
Jésus - Christ répare complétement les droits de
Dieu, méconnus et violés par l'homme.

Par elles il rachète et délivre l'homme justement réservé aux vengeances de Dieu. En souffrant et en mourant Jésus devient donc le parfait réparateur de l'honneur de Dieu outragé, et, grâce à cette réparation, le parfait médiateur du salut éternel de l'homme.

Saint Thomas, développant avec la profondeur de son génie théologique les effets de la passion du Rédempteur, se pose diverses questions.

Il se demande si par la passion, c'est-à-dire par les souffrances et par la mort de Jésus-Christ, nous avons été délivrés du péché, de la puissance du démon, de la peine due au péché ; si nous avons été réconciliés avec Dieu ; si la porte du ciel nous a été ouverte ; enfin, si par elles Jésus-Christ a mérité d'être lui-même exalté et glorifié. A chacune de ces graves questions il répond par autant d'affirmations solennelles, et il dit : Oui, par la passion de Jésus-Christ nous avons été délivrés du péché, de la tyrannie de Satan, et de la peine due à nos crimes. Nos livres sacrés ne disent-ils pas du divin Libérateur : « Il nous a aimés, et nous a lavés de nos péchés dans son sang? » *Dilexit nos et lavit nos a peccatis nostris in sanguine suo.* (Apoc., 1.) Moyennant le prix de sa passion offert à Dieu son Père, Jésus, devenu victime par charité et par obéissance, nous a par ce sacrifice volontaire délivrés comme ses membres. De même que le corps humain, quoique composé de divers membres, n'est pourtant qu'un seul corps, ainsi l'Église entière, qui est le corps mystique de Jésus-Christ, est regardée comme une personne avec son chef, qui est ce même Jésus-Christ. En répandant son sang pour nous, qui sommes ses membres, notre divin chef a donc payé pour nous; et c'est ainsi qu'il nous a délivrés du péché, et par conséquent de la peine du péché et de la puissance du démon. Sa chair immolée a été l'instrument sacré de la divinité pour opérer cette heureuse délivrance. Par lui, en effet, les souffrances et les actions du Sauveur opèrent avec une vertu toute divine.

Oui, répond encore le saint docteur, par la passion de Jésus-Christ, nous avons été réconciliés avec Dieu, et la porte du ciel nous a été ouverte. L'effet propre du sacrifice, c'est d'apaiser Dieu. Or la passion de Jésus-Christ n'est-elle pas le sacrifice le plus précieux, le plus agréable qui ait jamais été et puisse jamais être offert à l'Éternel? Comment donc cette passion ne serait-elle pas la cause de notre réconciliation avec Dieu? C'est un si grand bien aux yeux du Seigneur, que le Christ ait volontairement souffert, qu'à cause de ce bien, que son regard divin a reconnu dans la nature humaine, c'est-à-dire dans cette nature que son Fils unique s'est hypostatiquement unie, Dieu a été apaisé sur toutes les offenses du genre humain. Et comment n'en serait-il point ainsi? Quelques nombreuses et graves qu'aient été ces offenses, la charité du Christ souffrant et mourant a été plus grande encore, plus grande que l'iniquité même de ceux qui l'ont mis à mort. Faut-il s'étonner que sa passion ait été plus puissante pour réconcilier Dieu avec tout le genre humain que pour le provoquer à la colère et à la vengeance? Faut-il s'étonner par conséquent que cette même passion nous ait ouvert les portes du ciel! C'est le péché qui les tient fermées pour l'homme; d'abord le péché commun à toute la nature humaine, qui est le péché de notre premier père Adam, transmis à toute sa race, et que nous appelons le péché originel; et ensuite le péché spécial, que chaque homme commet par ses actes propres et personnels. Par sa passion, le Christ nous a délivrés non-seulement du péché commun de toute la nature humaine et quant à la coulpe et quant à la peine, en payant pour nous le prix de notre rédemption, mais encore il a délivré de ses propres péchés, c'est-à-dire de ses péchés actuels et personnels, chacun de ceux qui participent aux mérites de sa passion par la foi, par la charité, par les sacrements.

Tous peuvent moyennant sa grâce, qui n'est refusée à personne, jouir du bienfait de cette participation. Et c'est ainsi que par la passion de Jésus-Christ la porte du royaume des cieux nous a été ouverte.

Reste la dernière question, à laquelle le Docteur angélique répond : Oui, par sa passion le Christ a mérité d'être exalté et glorifié. Pourquoi? Parce que dans sa passion il s'est humilié au-dessous de sa dignité pour l'amour de son Père en quatre choses principales, pour chacune desquelles il a mérité de recevoir de lui une spéciale glorification : d'abord il s'est humilié au-dessous de sa dignité dans la passion elle-même et dans la mort qu'il a endurée, n'étant débiteur ni de l'une ni de l'autre, c'est-à-dire n'étant pas, comme nous, soumis à payer à la justice de Dieu ce double tribut de la douleur et de la mort. Pour un pareil abaissement, Dieu le Père devait en retour à son Fils la gloire de la résurrection. Cette glorification, le Christ l'a reçue en sortant du tombeau le troisième jour après sa mort ignominieuse sur la croix. Secondement, pour s'être abaissé au-dessous de sa dignité en permettant que son corps fût déposé dans le sépulcre, et que son âme descendît aux lieux souterrains, c'est-à-dire aux limbes, il a mérité d'être glorifié par son ascension dans le ciel. C'est saint Paul qui l'affirme : « Il est d'abord descendu dans les parties inférieures de la terre; et ce même Jésus qui est ainsi descendu, est le même qui est monté au-dessus de tous les cieux. » (Eph., IV.)

Quant à la confusion et à l'opprobre dont il a été publiquement couvert pendant sa passion, et par lesquels il s'est encore humilié pour l'amour de Dieu son Père au-dessous de sa dignité, il a mérité de s'asseoir à la droite du Père et de manifester l'éclat de sa divinité. C'est encore saint Paul qui nous l'assure : « S'étant fait obéissant jusqu'à la mort, et à la mort de la croix, Dieu l'a exalté et lui a donné un nom au-dessus de tous les noms, afin qu'au nom de Jésus tout genou fléchisse, au ciel, sur la terre et dans les enfers (Philip., II) : » c'est-à-dire, afin qu'il soit nommé et reconnu Dieu par tous, et que tous lui rendent le respect et l'honneur qui est dû à Dieu. Enfin, pour s'être abaissé au-dessous de sa dignité en se livrant à la puissance humaine, en se soumettant au jugement de l'homme, dont il est lui-même le juge, comme il en est le créateur et le souverain maître, il a mérité d'être investi de la puissance de juger les vivants et les morts.

Ici se place naturellement, comme un résumé éloquent de ce qui vient d'être dit, ce beau texte de saint Grégoire pape : « En voyant tant de miracles et de si grandes vertus éclater en Jésus-Christ, il n'y avait place dans ceux qui en étaient témoins que pour l'admiration et nullement pour le scandale. Mais où l'esprit des infidèles fut grandement scandalisé, ce fut de le voir mourir après avoir opéré tant de miracles.

« Nous prêchons, s'écrie saint Paul, Jésus cru« cifié, objet de scandale pour les Juifs, et de folie « pour les Gentils. » Les hommes, en effet, ont regardé comme une folie que l'auteur de la vie mourût pour eux ; et l'homme a pris occasion de se scandaliser contre lui, justement de ce en quoi il devait lui être plus redevable et plus reconnaissant. Car Dieu mérite d'autant plus de recevoir de l'homme de dignes hommages, qu'il a souffert pour l'amour de l'homme des traitements plus indignes de sa souveraine grandeur. » (Hom. VI. in Ev.)

Tels sont, d'après saint Thomas résumant sur ce point la doctrine catholique, les merveilleux effets de la passion du Rédempteur, de ses souffrances et de sa mort. Qu'il nous est doux de penser, cher lecteur, qu'étant les membres de Jésus-

Christ, nos souffrances, unies à celles de notre auguste chef, participent dans une certaine mesure à leur divine efficacité. Par elles, en effet, le chrétien qui les endure répare en Jésus-Christ et par Jésus-Christ la gloire de Dieu outragé. Par elles, il obtient pour son propre salut, et, s'il le demande, pour le salut des autres, une large et abondante application des mérites, des souffrances du Fils de Dieu. Le chapitre suivant fera mieux ressortir cette vérité si consolante, si propre à nous encourager dans nos afflictions.

CHAPITRE SIXIÈME

DIVINE EFFICACITÉ DES SOUFFRANCES DU CHRÉTIEN,
MEMBRE DE JÉSUS-CHRIST.

O vous tous, chrétiens affligés, âmes éprouvées, quelle que soit la nature de vos afflictions et de vos épreuves, maladies, infirmités, indigence, revers de fortune, abandon des amis, chagrins de famille, séparations douloureuses, calomnies, persécutions, difficultés de la vertu, expiations volontaires, tentations, aridités, peines intérieures de l'esprit, du cœur, pressures de l'âme, craintes, tristesses, appréhensions, regrets, amers souvenirs, agonie, approche de la mort, écoutez et consolez-vous. Membres de Jésus-Christ par la grâce du saint baptême et des autres sacrements, surtout de la très-sainte Eucharistie, vous entrez, en vertu de cette divine incorporation à votre divin chef, en participation de lui-même, c'est-à-dire de sa vie, de ses vertus, de ses mérites, de ses souffrances, de sa nature divine : *Divinæ consortes naturæ*. C'est l'apôtre saint Pierre qui l'affirme. (II Petr., I.) Quand vous souffrez, c'est Jésus-Christ qui souffre en vous. Ayez soin de tenir votre souffrance unie à celle de votre divin chef; et sa vie divine, cette vie mille fois désirable, dont il vit comme Homme-Dieu, s'épanchera en vous, pauvre enfant d'Adam, comme la sève s'épanche du tronc dans la branche qui lui est unie, pour lui communiquer sa vie et sa fécondité. Ainsi purifiée par son union avec celle de votre divin chef, votre souffrance vous fera entrer en participation, pour votre profit personnel, et, moyennant certaines conditions, pour le profit des autres, de tous les effets de sa Passion. Nous raisonnons ici dans la supposition que vous êtes en état de grâce, c'est-à-dire uni à votre chef comme membre vivant, uni à l'arbre de vie comme branche vivante. Sans cette condition, la sève divine, qui vivifie la souffrance du chrétien, serait arrêtée dans sa circulation, et toute son opération sur vous consisterait pour le moment à faire cesser votre état de mort spirituelle, c'est-à-dire, à vous remettre dans les conditions requises pour que la circulation de la vie divine pût de nouveau s'effectuer en vous. Nous dirons à la fin de ce chapitre comment la souffrance supportée avec patience par le pécheur qui a perdu la vie divine, est efficace pour obtenir qu'elle lui soit rendue.

Supposant donc que vous êtes en état de grâce, nous vous disons : « Heureux disciple de Jésus-Christ, vos souffrances, unies aux souffrances de votre maître, ont une efficacité toute divine. Par elles, vous vous délivrez de plus en plus des tristes suites de vos péchés, et vous empêchez le démon de reprendre sur vous son empire. En vous fournissant un moyen très-efficace de satisfaire de plus en plus pour vos péchés, vos souffrances bien endurées vous fournissent un moyen très-efficace de payer à la justice divine la dette dont vous lui êtes peut-être encore redevable, c'est-à-dire la peine temporelle due à vos péchés. Par elles, vous obtenez aussi la rémission des fautes vénielles qui échappent à votre fragilité ou à votre négligence. Et ce n'est pas un mince avantage, surtout aux yeux du chrétien véritablement spirituel, qui comprend à la lumière de la foi combien le péché véniel délibéré et d'habitude est nuisible au sérieux avancement de l'âme dans les voies solides de la perfection. Et c'est ainsi que nos souffrances, en nous délivrant des tristes restes du péché, en épurant de plus en plus notre âme, achèvent en nous, selon la doctrine de saint Paul, ce qui manque à la Passion de Jésus-Christ : *Adimpleo ea quæ desunt passionum Christi*. Par cette expression énergique, ainsi que nous l'expliquerons bientôt plus au long, le grand Apôtre a voulu nous donner à comprendre que les souffrances de Jésus-Christ, pour nous être entièrement appliquées, demandent à être achevées et complétées par les nôtres, et que notre divin chef ayant dû souffrir, il faut que ses membres souffrent avec lui, s'ils veulent participer aux bienfaits de sa Passion et de sa mort : *Si tamen compatimur, ut et conglorificemur.* Autrement, dans ce tout admirable et divin, que la langue inspirée de l'Église appelle le corps mystique de Jésus-Christ, il n'y aurait plus d'harmonie entre les membres et le chef. Quelle harmonie peut-il y avoir entre des membres étrangers à la douleur et un chef couronné d'épines?

Par sa Passion, Jésus vous a réconciliés avec Dieu, son Père. Par vos souffrances unies aux siennes, vous obtenez une confirmation nouvelle de cette bienheureuse réconciliation, c'est-à-dire une augmentation de la grâce sanctifiante, qui en est le gage précieux, ou plutôt qui est en vous par Jésus-Christ cette réconciliation elle-même. Vous entrez plus avant dans l'amitié du Père à cause de la ressemblance plus parfaite que vos souffrances vous donnent avec son Fils bien-aimé. Il n'est rien, en effet, que le Père aime tant à rencontrer dans les membres de son Fils que la ressemblance de sa vie souffrante et crucifiée Par la même raison, il n'est rien que le Fils ait à cœur d'offrir à Dieu, son Père, comme la continuation de ses propres souffrances dans les membres qui lui sont unis. Ah! si la justice divine explique les peines que nous endurons tous dans cette vallée de larmes, l'amour immense de Jésus pour son Père nous en donne aussi la véritable explication. Ne pouvant plus souffrir maintenant qu'il est dans la gloire, car le Christ ressuscité ne meurt plus, ni ne souffre plus, il veut du moins souffrir pour l'amour de son Père et pour notre amour, dans la personne de ses membres, en qui il se plaît à se reproduire comme en autant de Jésus souffrants et crucifiés, perpétuant ainsi jusqu'au dernier jour du monde son amoureuse et douloureuse Passion. Il veut aussi nous faire comprendre l'éminent avantage qu'il y a pour nous de souffrir en union avec notre divin chef, par la vertu duquel nos souffrances sont divinisées. Et c'est pour cette raison qu'il nous donne une si large part de son calice et de sa croix. Plus le chrétien boit de cette liqueur amère, plus il sent se développer et travailler en lui la séve de l'arbre de vie, qui n'est autre que le sang vivificateur de Jésus crucifié.

Ame chrétienne, membre de Jésus-Christ, vous souffrez, et vous vous plaignez : que dis-je? vous murmurez peut-être. Ah! plutôt réjouissez-vous, et bénissez le Seigneur, dont la main paternelle vous frappe. Cette épreuve, qui vous paraît si dure, est une visite de votre Dieu, comme s'exprime le saint homme Job, ce type accompli de douleur et de patience : « Dès l'aurore vous visitez le juste, et aussitôt vous l'éprouvez : » *Visitas eum diluculo, et subito probas illum.* (Job., VII, 18.) Cette épreuve est un degré nouveau et plus élevé d'incorporation de tout votre être à votre divin chef, Jésus-Christ, et, par conséquent, une plus abondante participation à sa vie divine; c'est une garantie nouvelle de l'amitié de Dieu pour vous et de votre réconciliation avec lui.

Si vous avez le malheur de n'être pas en état de grâce quand cette épreuve vous arrive, sachez qu'elle n'en est pas moins pour vous une visite du Seigneur, qui par cette épreuve vous invite paternellement à revenir à lui. Et ceci nous amène à vous dire que, même pour le pécheur en état de péché mortel, la souffrance est extrêmement avantageuse. Sans doute en souffrant il ne mérite pas d'un mérite proprement dit, de ce mérite qui donne droit à la rémunération à titre de stricte justice et de condignité (de *condigno*), comme s'expriment les théologiens; mais par cette souffrance endurée avec humilité et soumission, il acquiert une sorte de mérite de convenance, qui dispose Dieu en sa faveur, attire sur lui le regard de sa miséricorde, et prépare ainsi la voie à la réconciliation définitive de ce pécheur avec son Dieu par la récupération de la grâce sanctifiante qu'il a perdue. Combien de pauvres brebis errantes ont été ainsi ramenées au bercail! Combien de pauvres pécheurs ont été rendus à l'amitié de Dieu, ont été réconciliés avec lui par la maladie, les revers, les afflictions, l'infortune! C'est ce qui a fait dire à David : « C'est un bien pour moi que vous m'ayez humilié : » *Bonum mihi quia humiliasti me* (Ps. CXVIII), et au Sage : « Il est plus avantageux pour l'homme d'aller dans la maison du deuil que dans la maison du festin ; » nous donnant à comprendre par cette maxime qu'à tout prendre, dans l'état actuel où se trouve l'homme, la souffrance lui est plus salutaire que le plaisir. La première, en effet, en le détachant de l'affection aux choses terrestres, le rapproche de Dieu, source de tous les biens; l'autre, s'il n'y prend garde, ne sert qu'à l'en détourner, en l'attachant de plus en plus aux choses périssables.

Lors donc que l'adversité vous visite, en quelque état que se trouve votre âme, acceptez, résignez-vous et bénissez Dieu en disant encore avec le saint homme Job : « Le Seigneur m'avait donné ces biens; il me les a enlevés... que son saint nom soit béni! » *Dominus dedit; Dominus abstulit... sit nomen Domini benedictum.* (Job, I.) Le Seigneur vous avait donné la santé, les biens de la terre, les joies de la famille; il vous les a enlevés, que son saint nom soit béni! Il vous avait donné les consolations de la vie spirituelle, de vives lumières, de saints élans, une ferveur sentie. Vous ne sentiez pas le poids de votre croix, tant l'Esprit-Saint l'avait rendue pour vous légère en y versant sa douce onction. Mais voilà que tout à coup à cet heureux état succèdent la désolation, l'obscurité, la pesanteur, et une sorte de paralysie de votre âme en ce qui touche à la perfection. Que faire alors? Dire encore et dire toujours : « Le Seigneur me l'avait donné; il me l'a enlevé. Comme il a plu au Seigneur, ainsi il a été fait. Que le nom du Seigneur soit béni : » *Sit nomen Domini benedictum*. Mieux que nous le Dieu très-bon sait ce qui nous convient et nous est le plus salutaire.

Recevez donc de sa main avec une égale reconnaissance, et la consolation et la désolation, et souvenez-vous que cette maladie, cette infirmité, ce revers, cette affliction, est une parcelle précieuse de la croix de Jésus. C'est une goutte de son sang réparateur tombant sur vous de ses plaies entr'ouvertes et vous apportant le salut. Si, au moment où ce bien-aimé Sauveur expirait sur la croix, vous aviez eu le bonheur de vous trouver debout à ses pieds, et qu'une goutte de son sang divin échappé de ses blessures eût jailli sur vos vêtements, avec quel respect, avec quel amour ne l'auriez-vous pas recueillie? Mais, je le demande, toutes les fois que le Seigneur vous visite par la tribulation, ne recevez-vous pas d'une certaine manière cette insigne faveur, puisque vos souffrances, quand vous avez soin de les unir à celles de Jésus-Christ, sont par cela même unies à son sang divin? De telle sorte que si l'on pressait de la main, s'il est permis d'ainsi parler, les souffrances du chrétien, on en ferait jaillir des gouttes du sang du Fils de Dieu. Comme chef, en effet, Jésus unit étroitement les souffrances de ses membres aux siennes, pour n'en faire, pour ainsi dire, qu'une seule, comme ses membres et lui ne forment qu'un seul et même corps mystique dont il est le chef. Oh! combien la souffrance, considérée à ce point de vue élevé, prend un tout autre caractère et présente un tout autre aspect que celui sous lequel nous avons coutume de l'envisager. Autant elle apparaît triste, humiliante, accablante, quand on n'a pas recours à ces vues de foi, à ces motifs surnaturels, autant elle revêt je ne sais quoi de suave et d'élevé qui réjouit l'homme en l'affligeant, qui l'ennoblit en l'humiliant. C'est la rose à côté de l'épine; c'est le fruit d'une douceur exquise sous une écorce âpre et dure; c'est l'or le plus pur enfoui sous une grossière enveloppe de terre. Faut-il s'étonner que les souffrances bien endurées nous rendent agréables à Dieu, et nous ouvrent les portes du ciel? Faut-il s'étonner qu'elles nous méritent d'être un jour glorifiés avec Jésus-Christ dans l'éternel séjour des élus? Vérité consolante dont nous ferons le sujet du chapitre suivant.

CHAPITRE SEPTIÈME

SUITE ET FIN DU SUJET PRÉCÉDENT.

Quoiqu'il ne soit pas vrai de dire de nos souffrances qu'elles nous abaissent au-dessous de notre dignité, car de quel abaissement n'est-il point digne celui qui a offensé l'infinie majesté de son Dieu? cependant, admirez la miséricorde de ce grand Dieu. Par une disposition de son infinie clémence, il arrive que les souffrances procurent au chrétien qui les endure saintement une glorification d'autant plus grande, que par elles il a été plus profondément humilié et affligé. Et ici rappelez encore à votre souvenir l'exemple du saint homme Job. Le poids des tribulations l'accable. Dans l'excès de sa douleur, la vie lui est devenue à charge, et il s'écrie : « Pourquoi, ô mon Dieu, m'avez-vous fait sortir du sein de ma mère? Est-ce qu'il ne finira pas bientôt le petit nombre de mes jours? Laissez-moi pleurer un peu ma douleur, avant que j'aille à cette terre ténébreuse, couverte de l'obscurité de la mort, terre de misère et de ténèbres, où habite l'ombre de la mort et une perpétuelle horreur. » (Job, x.) Cette terre ténébreuse, c'est le tombeau. Si, comme Job, vous sentez la douleur et la tribulation miner peu à peu votre vie, si la maladie ne vous sépare de la tombe que pour quelques mois ou pour quelques jours, souvenez-vous que ce même Job, après avoir exhalé sa douleur, et s'être écrié d'une voix lamentable : « Ayez pitié de moi, ayez pitié de moi, vous du moins qui êtes mes amis » (Job, xix), s'élève tout à coup par un effort sublime au-dessus de son affliction, et s'écrie, le cœur plein d'espérance : « Ah! qui me donnera que mes paroles soient écrites, qu'elles soient gravées sur la pierre! Je sais que mon Rédempteur est vivant, et qu'au dernier jour je ressusciterai de la terre. » Voyez comme l'espérance assurée de la résurrection vient le consoler parmi ses plus grandes épreuves.

Qu'il en soit ainsi de vous, âmes affligées. Plus vos afflictions sont nombreuses et poignantes, plus vous sentez la souffrance creuser un tombeau profond sous vos pieds, plus aussi vous êtes assurées de recevoir l'abondance toujours croissante des dons divins. Dès ici-bas vous ressusciterez à une vie nouvelle, à des résolutions plus énergiques, à une piété plus solide, à une vertu plus féconde en actes généreux. Vous aurez vos ascensions glorieuses, ces ascensions de vertu en vertu, de grâce en grâce, dont parle le Psalmiste, quand il dit de l'homme juste et affligé qui met son appui dans le Seigneur : « Il a disposé des ascensions dans son cœur en cette vallée de larmes : » *Ascensiones in corde suo disposuit in valle lacrymarum.* Il ira de vertu en vertu, car le législateur suprême dont il a accompli fidèlement les volontés, même dans la souffrance, versera sur lui ses bénédictions : *Etenim benedictionem dabit legislator, ibunt de virtute in virtutem.* Et Dieu sera vu en Sion : *Videbitur Deus deorum in Sion.* C'est-à-dire, la vie de Dieu, la vie divine de Jésus sera vue et manifestée en vous, âme affligée, comme dans une autre Sion où le Seigneur se plaît d'habiter. Cette vie divine vous sera donnée avec une sorte de plénitude, et en vous sera accompli le vœu le plus cher du bon Pasteur, qui ne souhaite rien avec plus d'ardeur que de voir ses brebis recevoir avec plus d'abondance la vie dont il est la source intarissable : *Ut vitam habeant, et abundantius habeant.*

Plus le chêne de la forêt est battu par la tempête, plus il s'enracine en terre et devient vigoureux. En se déchaînant contre vous, la tribulation vous donnera plus de fixité dans le bien. Est-il rien, en effet, qui fortifie une âme dans le service de Dieu comme la tentation vaincue, comme les épreuves courageusement supportées pour l'amour de Dieu! Athlète intrépide, le disciple de Jésus-Christ sort de cette lutte plus agile et plus vigoureux. Oui, les tribulations, dans les desseins miséricordieux de la Providence, ont pour but non-seulement de nous faire expier nos fautes, de nous détacher de la terre, mais aussi de nous enraciner de plus en plus dans la pratique des vertus, surtout dans l'humilité, dans la patience, dans le mépris de nous-mêmes, dans l'amour de Dieu et du prochain, et, par conséquent, de nous faire acquérir de nouveaux mérites, d'embellir notre couronne, de nous préparer pour l'autre vie, selon l'expression de saint Paul, un poids éternel de gloire : *Æternum gloriæ pondus operatur in nobis.*

Comment le chrétien qui a si courageusement souffert en union avec Jésus-Christ, son divin chef, pourrait-il n'avoir pas une part abondante à ses gloires, à ses joies célestes! Comment, après avoir participé si largement pour son amour au calice de son agonie et de sa mort, n'y aurait-il pas pour lui une glorieuse résurrection, une glorieuse réception dans le ciel? Enfin, comment ne serait-il point mis en possession, pour ne la perdre jamais, d'une récompense ineffable, délicieuse, éternelle? Saint Paul n'a-t-il pas dit : « Si nous souffrons avec Jésus-Christ, nous serons glorifiés avec lui ? » *Si tamen compatimur, ut et conglorificemur.* (Rom., 8.) Vous avez souffert avec Jésus-Christ, vous avez supporté patiemment pour son amour cette maladie, cette adversité, cette perte douloureuse d'un père, d'une mère, d'un frère, d'une sœur, d'un enfant chéri en qui vous aviez mis vos espérances. Vous avez accepté avec soumission et amour les épreuves de la vie spirituelle, les tentations, les aridités, les désolations, les peines intérieures et les agonies de l'âme. Vous avez donc réalisé la condition qu'exprime le grand apôtre : *Si tamen compatimur.* Comment, si vous continuez à être fidèle, pourriez-vous ne pas voir se vérifier en vous la seconde partie de l'oracle, et n'être pas glorifiés dans le ciel avec Celui pour lequel vous avez tant souffert sur la terre ? *Si tamen compatimur, ut et conglorificemur.* L'exemple de saint Paul lui-même vous est un garant assuré que vous ne serez point frustré dans votre légitime espérance ; car il dit en parlant de lui-même et de tout ce qu'il avait enduré pour Jésus-Christ : « J'ai combattu le bon combat ; j'ai achevé ma course ; j'ai conservé la foi ; il ne me reste plus qu'à recevoir la couronne de justice qui m'est réservée : » *Bonum certamen certavi; cursum consummavi; fidem servavi; in reliquo reposita est mihi corona justitiæ.* » (II. Tim., IV.)

CHAPITRE HUITIÈME

DIVINE EFFICACITÉ DE LA SOUFFRANCE ENDURÉE POUR LE SALUT DES AMES. — MISSION DIVINE DE LA SOUFFRANCE EN JÉSUS-CHRIST.

Après avoir montré les heureux effets de la souffrance en nous-mêmes, il faut dire comment par la souffrance endurée en union avec Jésus-Christ nous pouvons exercer l'*apostolat*, devenir entre les mains de Dieu un instrument de salut éternel pour les autres. C'est ce qui ressortira, nous l'espérons, des considérations suivantes, qui ont pour but de démontrer la *mission divine* de la souffrance en faveur du salut des âmes. Par ce mot, nous entendons qu'en Jésus-Christ et par Jésus-Christ les souffrances des chrétiens, membres de son corps mystique, ont reçu pour destination de compléter, d'achever, comme dit saint Paul, l'œuvre rédemptrice du Fils de Dieu. Pour placer cette vérité dans tout son jour, il est nécessaire de montrer d'abord la *mission divine* de la souffrance en Jésus-Christ lui-même, et dans l'établissement de la religion catholique.

Le Fils de Dieu, en effet, en communiquant à ses souffrances une divine vertu, leur a en même temps donné une *divine mission*, celle de sauver le monde. C'est pour cette fin qu'il a souffert, et qu'il est mort sur la croix. Chargée de continuer son œuvre, ou plutôt d'en faire l'application au monde, l'Église catholique a dû être associée aux souffrances du Fils de Dieu et à la divine mission de ses souffrances. Seule dépositaire des mérites du Rédempteur, l'Église s'est établie par la croix, elle s'est propagée et continue à se propager par la croix; elle aura sa consommation finale par la croix; de telle sorte que l'oracle de saint Paul : *Christum oportuit pati* : « Il a fallu que le Christ souffrît, » plane sur tous les siècles depuis le Calvaire jusqu'au dernier jour du monde comme un mot d'ordre divin auquel toutes les générations humaines doivent se conformer sous peine d'être à jamais exclues du bienfait de la Rédemption.

Que Jésus-Christ ait donné à ses propres souffrances une mission divine; qu'en mourant sur la croix il ait inauguré dans sa personne *l'apostolat de la souffrance*, et qu'il ait établi sa divine religion par la croix; c'est le fait le plus éclatant de l'histoire. Planté sur le Golgotha, le signe sacré de notre rédemption domine de cette hauteur l'universalité des nations et des siècles. De quelque région et de quelque point reculé de l'espace que le regard de l'homme se tourne vers cette montagne mystérieuse d'où nous vient le salut, il voit la croix se dresser devant lui comme un phare immense, éclairant de ses rayons divins l'obscurité des siècles; guidant à travers les flots agités du temps les générations humaines en marche vers l'éternité. Avant même l'avénement du Christ elle projetait par une anticipation merveilleuse sa divine clarté sur les âges les plus lointains et jusque sur le berceau du monde. Isaïe l'avait vue de son regard prophétique longtemps avant le jour où elle fut élevée sur le Golgotha; et il s'était écrié, en y voyant suspendue la victime sainte : « Voilà l'homme de douleurs. *Virum dolorum.* Il a pris sur lui nos langueurs, il a porté le poids de nos souffrances : » *Verè langores nostros ipse tulit, et dolores nostros ipse portavit.* (Is., LIII.)

Tout ce qui dans l'ancienne loi a le plus exactement figuré la rédemption du genre humain par Jésus-Christ a été une figure, un symbole sanglant de la croix. Le juste Abel égorgé par Caïn; Isaac, victime obéissante, portant sur ses épaules le bois de son sacrifice; Joseph vendu par ses frères; Job, type achevé de patience et de douleur; Jérémie, prophète des lamentations et des larmes, pleurant sur la passion de l'Homme-Dieu comme s'il eût été présent à sa mort : en un mot, la plupart des principaux personnages de l'Ancien Testament, en particulier les prophètes chargés de prédire le Libérateur futur, ont été des figures vivantes de ses douleurs. Écoutez saint Paul, célébrant en termes magnifiques la foi et le courage de ces témoins et de ces martyrs anticipés de l'Homme-Dieu : « Les uns ont été déchirés ; les autres, après avoir été couverts d'opprobres et de coups, ont été jetés dans les fers et dans les prisons. On les a lapidés, sciés en deux, vexés par les tourments, tués par le glaive. Ils ont erré dans les campagnes, vêtus de peaux de bêtes..., manquant de tout, livrés à toutes sortes d'angoisses et d'afflictions. Tels furent ces hommes dont le monde n'était pas digne, errant dans les solitudes, dans les montagnes, dans les grottes et les cavernes de la terre : » *Quibus dignus non erat mundus. In solitudinibus errantes, in montibus et speluncis et in cavernis terræ.* (Hebr., xi, 38.) Or, pourquoi ont-ils tant souffert? Parce qu'ils étaient les précurseurs et les figures de la grande Victime du Calvaire, et qu'ils devaient exprimer dans leurs personnes quelques-uns des traits de sa douloureuse Passion. C'est en souffrant et en priant au sein de ces obscurs et pénibles siècles d'attente qu'ils ont écarté de la terre les malédictions du ciel. Ces hommes, dit un savant commentateur, étaient d'une si grande dignité que le monde n'était pas digne de les posséder. Par leurs prières, par la sainteté de leur vie, ils obtenaient de Dieu la conservation des villes, des provinces, du monde entier; ils empêchaient que Dieu n'engloutît les hommes dans un nouveau déluge à cause de leurs péchés.

Voyez-vous, cher lecteur, l'efficacité de l'*apostolat de la souffrance*, même avant la venue du Messie? Quelle ne sera pas après son apparition au milieu de nous la merveilleuse vertu de cet apostolat? Si la prière, les souffrances, les mérites des saints de l'ancienne loi ont exercé sur leurs contemporains une si salutaire influence, combien plus les prières, les souffrances, les mérites des saints de la loi nouvelle, après que Jésus-Christ a réellement versé son sang sur le Calvaire, n'exerceront-ils pas d'influence salutaire sur leur siècle et sur le monde entier?

Le Messie, si longtemps désiré, est enfin apparu. Depuis le berceau jusqu'à la tombe sa vie portera l'empreinte de la douleur, et comme le sceau de la croix à laquelle il doit être attaché pour le rachat du genre humain. Dieu le Père l'a ainsi décrété dans son infinie sagesse : « Il faut que le Christ rédempteur souffre et meure : » *Christum oportuit pati*. Il emploie trois ans de sa vie mortelle à prêcher son évangile; mais *avant*, *pendant* et *après* sa prédication il *souffre*, jusqu'à ce qu'enfin il mette le comble à son sacrifice en mourant sur la croix. Jésus est donc constitué médiateur entre Dieu et les hommes par ses souffrances et par sa mort.

La croix de Jésus, voilà donc l'unique moyen de salut pour les pauvres enfants d'Adam. C'est une chose arrêtée par un décret de l'Éternel : « Nul ne se sauvera que par la croix, par le sang que Jésus-Christ a répandu sur elle, » comme s'exprime saint Paul : *Per sanguinem crucis ejus*. (Col., I.)

C'est de ce principe incontestable qu'il faut partir pour bien comprendre ce qui nous reste à dire sur la mission divine de la souffrance dans les membres vivants de Jésus-Christ.

CHAPITRE NEUVIÈME

MISSION DIVINE DE LA SOUFFRANCE EN MARIE,
MÈRE DE JÉSUS.

Lorsqu'il plaît au divin Rédempteur d'associer quelqu'un à son œuvre réparatrice, il l'associe en même temps au moyen réparateur qu'il a choisi pour racheter le monde, c'est-à-dire à la croix. Voilà pourquoi l'Église catholique, qui a reçu de Jésus-Christ la mission de continuer son œuvre de réparation à travers les siècles, c'est-à-dire d'appliquer aux hommes les mérites du Rédempteur, porte toujours au front le signe sanglant de la croix, est toujours dans la persécution et dans la souffrance. De là la dénomination de *militante* donnée à la sainte Église, notre mère, et dans une mesure plus ou moins restreinte à chacun de ses enfants. De là dans les âmes que Notre-Seigneur daigne plus particulièrement associer à sa mission réparatrice, une part d'autant plus grande à ses douleurs qu'il leur réserve une part plus étendue de coopération à son œuvre. Pour n'en citer qu'un seul exemple, le plus éclatant de tous, qui ne sait que la créature la plus excellente, appelée par les Pères et les Docteurs la seconde *Médiatrice* du monde, en a été aussi la seconde *Victime*? Celle que nous invoquons sous le titre de Mère de Dieu et de Reine des apôtres, *Mater Dei, Regina apostolorum*, ne l'invoquons-nous pas aussi sous le titre de Vierge des douleurs et de Reine des martyrs? *Virgo dolorosissima, Regina martyrum.*

En lisant dans l'Évangile la prophétie du saint vieillard Siméon, n'avez-vous pas été frappés du rapprochement qu'il établit entre les douleurs de Jésus et les douleurs de Marie, c'est-à-dire entre Jésus *victime* et Marie *victime* pour le salut des hommes? « Cet enfant, dit-il, sera un jour un signe de contradiction : » *In signum cui contradicetur.* Et il ajoute immédiatement après : « Et vous, ô Marie, vous aurez l'âme transpercée d'un glaive de douleur : » *Et tuam ipsius animam pertransibit gladius.* La suite de la vie de la très-sainte Vierge n'est qu'une application de cette prophétie du saint vieillard. A partir de ce moment la vie de Marie est, comme celle de son Fils, une croix et un martyre continuels. La prévision certaine des tourments et de la mort de son Jésus, et, après qu'il eut expiré sur la croix, le souvenir amer de sa douloureuse passion, furent pour elle comme un glaive à deux tranchants, qui fit à son cœur maternel une blessure sans cesse renouvelée.

Mais c'est surtout au pied de la croix qu'elle ressentit la pointe acérée de ce glaive, par la raison que ce fut là, plus que partout ailleurs, qu'elle fut associée par son divin fils à l'œuvre de notre rédemption. Oui, c'est là sur ce calvaire tout ruisselant du sang de Jésus que Marie nous enfante dans la douleur à la vie de la grâce, en recevant dans son cœur très-compatissant le contre-coup des souffrances et de la mort de son divin fils. C'est là par conséquent qu'elle accomplit solennellement sa mission de *seconde victime* du genre humain. Une femme et un homme ont perdu le monde; un homme et une femme le sauveront. Cet homme c'est Jésus, homme et Dieu tout ensemble; cette femme c'est Marie, Mère de ce Dieu fait homme pour nous.

Oui, sans aucun doute, comme il n'y a qu'un seul Dieu, ainsi il n'y a qu'un seul médiateur entre Dieu et les hommes, et c'est Jésus-Christ: *Unus enim Deus, unus et mediator Dei et hominum, homo Christus Jesus*. (I Tim., II.) Il n'en est pas moins vrai que ce divin et unique médiateur a voulu associer d'une manière toute spéciale à son œuvre de médiation celle dont il avait reçu la vie comme homme. C'est pour cette raison qu'il l'a si intimement associée à sa croix, instrument de notre rédemption. Dire jusqu'à quel degré Marie a coopéré à ce grand mystère, c'est le secret de Dieu. Sous ce rapport, comme sous tous les autres, le ciel nous révèlera des relations ineffables d'intimité entre Jésus et Marie, entre l'œuvre du fils et la coopération de la mère, que notre faiblesse aurait peut-être de la peine à supporter maintenant. *Non potestis portare modo*. Ce que nous pouvons dire avec saint Épiphane sans crainte de nous tromper, c'est que Marie a été la médiatrice du ciel et de la terre, et en a naturellement effectué l'union. *Ipsa enim est cœli et terræ mediatrix quæ unionem naturaliter peregit*. Ne pouvons-nous pas dire aussi qu'au pied de la croix, elle a été comme une coupe mystérieuse, dans laquelle a été précieusement recueilli tout le sang du Rédempteur, pour être ensuite par elle distribué au monde? N'est-ce pas ce que la sainte Église veut nous donner à entendre quand elle appelle Marie, Mère de la divine grâce, *Mater divinæ gratiæ*; de cette grâce qui nous arrive avec le suc de l'arbre de vie, c'est-à-dire avec le sang du Sauveur qui coule à flots sur le Calvaire de ses plaies entr'ouvertes? N'est-ce pas ce qui explique ces qualifications, qu'après les saints docteurs nous donnons à Marie, de canal de la grâce, de distributrice de la grâce? C'est d'elle que les apôtres, et par eux toute la sainte Église, ont reçu le précieux trésor au moyen duquel nous achetons le droit à la vie éternelle. Et n'était-il pas convenable qu'après avoir reçu de Marie tout ce sang qui lui communique sa vie d'homme, Jésus offrît à sa mère ce même sang devenu le sang d'un Dieu ? L'amour divin a des mystères profonds, des attentions d'une infinie délicatesse. Qui peut comprendre celles que le fils le plus aimant a dû avoir pour la plus aimable des mères ?

Quoi qu'il en soit, ne l'oublions pas, après Jésus c'est Marie qui a le plus contribué à l'œuvre de la réconciliation du genre humain, non-seulement parce qu'elle est mère du Rédempteur, mais encore parce qu'elle a été avec lui *victime* pour notre salut, et qu'à la *passion* du fils a parfaitement correspondu la *compassion* de la mère. De là ce travail de vie surnaturelle auquel, dans toute la durée des siècles chrétiens, la sainte Vierge n'a cessé de coopérer dans l'Église et dans les âmes. De là cette intervention universelle et pleine d'efficacité que le sens catholique lui attribue dans tous les événements qui intéressent la sainte Église et chacun de ses membres en particulier. Quel est le siècle chrétien où Marie ne soit intervenue par des signes éclatants de protection ? Quel est le chrétien enfant de l'Église qui ne soit redevable à Marie d'innombrables et signalés bienfaits ?

Si vous demandez, pieux lecteur, la raison de

cette intervention continue et si efficace, nous répondrons : C'est non-seulement que Marie est Mère de Dieu et mère des hommes, mais aussi qu'elle est la seconde *victime* du monde, et qu'en cette qualité elle désire ardemment que ni les souffrances de son fils, ni les siennes ne soient perdues pour les enfants d'Adam, devenus sa famille adoptive. C'est, en un mot, qu'en Marie la souffrance a reçu de Jésus et par Jésus une mission divine, celle de coopérer au salut du genre humain. O pécheurs, souvenez-vous des gémissements de votre mère, et convertissez-vous. *Gemitus matris tuæ ne obliviscaris*. (Eccli., VII, 29.)

Telle est la divine mission de la souffrance dans l'ordre du salut des âmes. C'est sur elle, comme sur un fondement inébranlable, que le Fils de Dieu a établi tout l'édifice de notre sainte religion. Elle est née de son sang et de sa douleur comme la fleur naît de sa tige. Le fondateur de la religion catholique est un crucifié, un homme de douleur. *Virum dolorum.* La coopératrice de son œuvre est une victime associée à sa passion, une vierge de douleur, *Virgo dolorosissima*. Après cela, qui oserait douter de la mission toute divine de la souffrance? Qui oserait douter de la vertu toute divine de l'apostolat de la souffrance?

CHAPITRE DIXIÈME

MISSION DIVINE DE LA SOUFFRANCE DANS LES APÔTRES, DANS LES MARTYRS ET DANS LES HOMMES APOSTOLIQUES DE TOUS LES TEMPS.

Après Marie, ce sont les apôtres que Jésus associe le plus intimement à son œuvre réparatrice, et par conséquent à sa croix. Il les choisit pour être les principaux coopérateurs de son entreprise, à condition qu'ils consentiront à y travailler comme lui par la souffrance et l'immolation. Un jour qu'il se trouvait seul avec eux, il leur dit : « Il faut que le fils de l'homme souffre et qu'il soit réprouvé des anciens, des princes des prêtres et des scribes, et qu'il soit mis à mort, et que le troisième jour il ressuscite. » Et afin qu'ils comprissent la ressemblance parfaite qu'ils devaient avoir avec leur maître crucifié, il ajoute en s'adressant à tous : « Si quelqu'un veut venir après moi, qu'il se renonce lui-même, qu'il prenne sa croix chaque jour et qu'il me suive.

Celui qui voudra sauver sa vie, la perdra; et celui qui perdra sa vie pour moi la sauvera. » (Luc, IX.) Ailleurs il leur prédit des persécutions, parce qu'ils sont ses serviteurs et ses ministres : « Souvenez-vous, leur dit-il, de la parole que je vous ai dite : Le serviteur n'est pas plus grand que son maître. S'ils m'ont persécuté, ils vous persécuteront aussi : » *Si me persecuti sunt, et vos persequentur.* (Joan., XV.) Remarquez que lorsque Notre-Seigneur adressa cette parole à ses disciples, il venait de leur conférer leur mission apostolique, en leur disant : « Ce n'est pas vous qui m'avez choisi, mais c'est moi qui vous ai choisis : et je vous ai établis afin que vous alliez et que vous portiez des fruits, et que votre fruit demeure : » *Ut fructus vester maneat.* (Joan., XV.) Par ce rapprochement, le divin Maître donne à comprendre à ses disciples que les persécutions et les souffrances sont inséparables du ministère apostolique qu'il leur confère ; et que ce ministère ne sera fécond en fruits de salut qu'autant qu'ils souffriront et porteront leur croix avec lui. Plus loin, dans le même discours, confirmant cette même vérité, il y joint le plus touchant encouragement, et leur dit : « Vous serez pressurés dans le monde ; mais ayez confiance, j'ai vaincu le monde : » *In mundo pressuram habebitis; sed confidite, ego vici mundum.*

Telle est la destinée des apôtres. Échos vivants de leur maître, ils seront aussi les continuateurs des enseignements de sa passion. Ils prêcheront au peuple Jésus crucifié ; ils souffriront et mourront avec lui et pour lui. Apôtres tout à la fois de la parole et de la souffrance, ils féconderont de leur sang la doctrine qu'ils auront prêchée au nom de Jésus crucifié. Quand on les couvrira d'opprobres, ils s'en retourneront contents, parce qu'ils auront été jugés dignes de souffrir l'affront pour Jésus-Christ. *Ibant gaudentes, quoniam digni habiti sunt pro nomine Jesu contumeliam pati.* Quand l'heure sera venue, ils seront tout prêts à donner leur vie pour Jésus-Christ et pour les âmes qu'il a rachetées de son sang. Le premier d'entre eux, saint Pierre, mourra sur la croix, du même supplice que son maître. Infatigables ouvriers de la vigne du Seigneur, après l'avoir arrosée de leurs sueurs, ils l'arroseront de leur sang. Tous, ils seront victimes et martyrs. Et c'est ainsi qu'après avoir été fondée par la croix, la religion catholique opère sa première propagation dans le monde par la croix.

Mais que vois-je ? Trois siècles consécutifs de persécutions accueillent dans des flots de sang chrétien cette religion que les apôtres, la croix à la main, viennent de porter jusqu'au bout du monde. C'est l'œuvre régénératrice du Calvaire qui se poursuit par le même moyen qui l'a inaugurée, c'est-à-dire par le sang versé, par la passion du Christ perpétuée dans ses membres, en un mot, par la croix. Oh! qu'il est radieux de vérité ce mot profond de Tertullien : *Sanguis martyrum semen christianorum.* « Le sang des martyrs est une semence de chrétiens. » A celui qui en douterait nous dirions : Allez à Rome et pénétrez dans les catacombes où pendant trois siècles furent ensevelis les corps sanglants et mutilés des martyrs. Naguère en ce même lieu, où ce noble sang fut versé, s'élevait fière et orgueilleuse la capitale du monde païen, la Rome des empereurs; et voilà que sur les débris de cette Rome païenne s'élève aujourd'hui la capitale du monde chrétien, la Rome des pontifes, vicaires du Christ crucifié, successeurs de Pierre crucifié, successeurs des apôtres, tous martyrs. La croix a vaincu le glaive; le sang répandu a renversé les idoles. Du mont Calvaire, où elle fut dressée parmi tant d'ignominies, la croix a été triomphalement transplantée sur le Janicule; et de là, comme d'un trône resplendissant, le Christ règne sur le monde et sur les débris du paganisme vaincu. *Christus vincit, regnat, imperat.* Gloire à la croix! Gloire aux martyrs enfants de la croix! Respect à leurs cendres vénérables, et à leurs tombeaux, dix-huit fois séculaires!!!

Écoutons le touchant récit d'un pieux voyageur décrivant ce qu'il a vu dans ces catacombes sacrées, impérissable monument de courage chrétien, irréfragable démonstration de la fécondité merveilleuse de l'apostolat de la souffrance pour le salut des âmes. « Oui, dit-il, j'ai admiré et j'ai été ému de dévotion, en voyant près de Rome les catacombes de Saint-Sébastien, dans lesquelles les corps des saints apôtres Pierre et Paul demeurèrent cachés pendant plus de deux siècles ; où les pontifes offrirent la sainte Victime, prêchant la parole évangélique, conférant la sainte ordination. Creusés par les chrétiens à la distance de plusieurs milles, ces souterrains s'étendent jusqu'à la mer : on y voit des divers côtés des places et des détours sans fin, semblables à un labyrinthe. C'est comme une ville souterraine. Çà et là, de chaque côté de la voie souterraine, j'ai remarqué les sépulcres des martyrs, creusés par étages et avec ordre dans les parois en terre, ou dans le rocher, de manière à pouvoir contenir chacun un seul corps. C'est ce lieu qu'on appelle le cimetière de Saint-Callixte, dans lequel cent soixante-quatorze mille martyrs et vierges furent ensevelis. Les vierges sont désignées par la figure d'une colombe, les martyrs par celle d'une palme, gravée sur les sépulcres. Si je ne l'avais vu de mes yeux, ajoute le pieux pèlerin, jamais je n'aurais cru à une si grande merveille, à une si grande affliction, à une si grande constance des premiers chrétiens, creusant péniblement ces cavernes, les disposant, les entretenant, y faisant leur habitation. En effet, il est hors de doute que ces souterrains ne servirent pas seulement de sépulture aux morts, mais encore de refuge et de demeure aux vivants. Les Actes des martyrs en font foi, entre autres ceux de sainte Cécile, dans lesquels nous lisons que Valérien, envoyé par elle auprès du saint pontife Urbain pour recevoir de sa main le baptême, le trouva caché parmi les sépulcres des martyrs... C'est ainsi que ces saints et illustres personnages, ces premiers pontifes de l'Église, dont le monde n'était pas digne, privés de la lumière du jour, habitaient parmi les morts dans les profondeurs de la terre; et même là ils n'étaient pas en sûreté... Allez donc maintenant, ô chrétiens, s'écrie en terminant son récit le fervent voyageur, allez, élevez jusqu'au ciel des palais de marbre; habitez dans des demeures somptueuses, resplendissantes de pourpre et d'or; pour moi je préfère habiter dans une humble demeure, dans ces cryptes obscures, avec les saints martyrs, et là, dans l'attente de la bienheureuse résurrection, me tenir caché pour un peu de temps, afin que je mérite d'entrer avec eux dans les célestes tabernacles et d'être mis en possession du ciel pour toujours. »

Il serait trop long de suivre en détail à travers

les siècles chrétiens écoulés depuis le berceau du catholicisme, l'application du programme divin qui a présidé à sa fondation. Partout et toujours nous verrions se réaliser l'oracle : *Christum oportuit pati*. Il a fallu que le Christ souffrît pour sauver les hommes. Il faut que ses membres souffrent pour coopérer à cette œuvre de salut. Si nous jetons les yeux sur les hommes apostoliques de tous les temps, qui reçurent de Dieu la mission de porter aux divers peuples du monde la lumière évangélique et avec elle tous les bienfaits de notre sainte religion, que voyons-nous? Des hommes qui apparaissent aux regards des peuples étonnés avec le caractère de victimes autant qu'avec celui d'apôtres et de ministres de Jésus-Christ.

Pour n'en citer que quelques-uns, rappelons saint Ignace d'Antioche, cet ardent apôtre et généreux martyr du Christ, qui scelle de son sang la vérité qu'il annonce. Froment de Jésus-Christ, au témoignage de la parole il unit le témoignage de son sang. Brûlant d'amour pour son cher maître, il meurt comme il l'a désiré, broyé sous la dent des lions. Saint Irénée, apôtre des Gaules, féconde de son sang la terre qu'il a arrosée de ses sueurs. Et l'on vénère encore à Lyon, théâtre de son zèle, le lieu où il offrait à Dieu la sainte victime, victime lui-même pour son troupeau. Saint Athanase, ce défenseur intrépide de la divinité de Jésus-Christ, soulève contre lui de la part des ariens tant de haines et de persécutions, qu'il semble, dit l'historien de sa vie, que l'univers entier eût conjuré sa perte. Saint Jean Chrysostome doit payer plusieurs fois par l'exil et par d'innombrables tribulations, le courage énergique et l'incomparable éloquence avec laquelle il flétrit et condamne les vices des grands de Constantinople et la cupidité de l'impératrice Eudoxie. Apôtre de la souffrance autant que de la parole évangélique, il est incroyable, dit la légende de sa vie, combien il a souffert de maux dans son exil et combien il a converti d'âmes à la foi de Jésus-Christ.

Dans des temps plus rapprochés des nôtres, saint Bernard, cette gloire si pure de notre France, cet homme providentiel qui exerça sur son siècle une si sainte et si salutaire influence, dont Dieu se servit pour opérer dans son Église des œuvres si éclatantes, ne fut-il pas lui aussi un insigne apôtre de la souffrance, autant qu'il fut un infatigable ouvrier de la vigne du Seigneur? L'historien de sa vie nous le dépeint comme toujours malade et presque mourant : *Corpus tenue et pene mortuum.* Saint François d'Assise, le pauvre de Jésus-Christ, à qui l'Église est redevable d'une innombrable légion d'apôtres et de saints, n'était-il pas une vivante image de Jésus crucifié, lui qui, par une grâce des plus rares et des plus insignes, reçut dans ses membres l'impression des sacrés stigmates du Rédempteur? Saint François Xavier, cet homme apostolique s'il en fut un jamais, que son zèle et ses travaux ont fait surnommer le Paul des temps modernes, que n'a-t-il pas souffert pour convertir à Jésus-Christ les peuples de l'Inde et du Japon? Et le saint fondateur, qui fut en Jésus-Christ le père de son âme, que n'a-t-il pas enduré pour donner à l'Église cet infatigable ouvrier, ce saint missionnaire et tant d'autres venus après lui? Enfin, pour rappeler ici le grand nom d'une femme qui fut et sera toujours l'une des plus pures gloires de l'Église, ainsi que de la catholique Espagne, qui ne sait ce que l'illustre vierge d'Avila, la séraphique Thérèse de Jésus, a dû souffrir de tribulations pour doter la sainte Église catholique de ces nombreux monastères d'où la prière et le sacrifice de tant d'âmes d'élite, de tant de saintes et pures victimes, de tant d'apôtres de la souffrance, s'exhalent et montent continuellement vers le ciel, comme un holocauste d'agréable odeur pour apaiser la colère de Dieu, irritée par les crimes des hommes.

Contraint de nous borner, nous ne parlons pas de cette innombrable multitude de saints personnages qui à toutes les périodes des siècles chrétiens ont apparu avec la sanglante auréole de l'*a*-

postolat de la souffrance, c'est-à-dire, de tant de saints évêques, de tant de saints prêtres, de tant de fervents religieux et religieuses, de tant de zélés missionnaires qui n'ont jamais cessé jusqu'à nos jours de féconder non-seulement de leur parole, mais encore de leurs douleurs et souvent de leur sang, la portion de terre que le Père de famille leur avait donné à cultiver. Si le temps et l'espace nous permettaient de les interroger les uns après les autres, et de leur demander le secret des grands fruits de salut qu'ils firent dans les âmes, ils nous répondraient tous : *In dolore paries* : « Nous avons enfanté dans la douleur ces âmes à Jésus-Christ. » Nos travaux unis à ses travaux, nos privations et nos souffrances unies à ses souffrances et à sa mort, ont avec sa grâce ouvert à ces âmes la voie du salut. Ainsi va se perpétuant et se réalisant d'âge en âge, dans la propagation de la religion catholique, le programme sacré, le mot d'ordre divin qui a présidé à sa fondation : *Christum oportuit pati*. Il a fallu que le Christ souffrît, et il faut que ceux qui veulent contribuer efficacement à propager son œuvre souffrent avec lui et comme lui.

CHAPITRE ONZIÈME

CONFIRMATION DE LA DOCTRINE PRÉCÉDENTE PAR L'EXPLICATION DU TEXTE DE SAINT PAUL : « J'ACCOMPLIS CE QUI « MANQUE AUX SOUFFRANCES DE JÉSUS-CHRIST. »

Il a fallu que le Christ souffrît... Ce n'est qu'à la condition de souffrir avec lui, qu'avec lui nous serons glorifiés. Le grand apôtre saint Paul, qui a prononcé cet oracle, nous en présente dans sa personne et dans sa vie une des plus éclatantes applications : Apôtre de Jésus-Christ, il est victime avec Jésus-Christ. Lui qui se glorifie de ne prêcher que Jésus crucifié, il se fait gloire aussi de porter dans son corps les stigmates du Seigneur Jésus. Il va jusqu'à dire qu'il accomplit dans sa chair ce qui manque aux souffrances du Christ : *Adimpleo ea quæ desunt passionum Christi in carne mea.* Et il ajoute : « Pour son corps (mystique) qui est l'Église : » *Pro corpore ejus quod est Ecclesia.* (Col., I.) Peut-on en moins de paroles et d'une manière plus explicite affirmer l'*apostolat de la souffrance*; déclarer que par la souffrance le chrétien peut travailler au salut des âmes, exercer en leur faveur dans l'ordre du salut éternel un apostolat des plus efficaces?

Pour la consolation non moins que pour l'instruction des chrétiens qui souffrent, essayons de mettre dans tout son jour cette admirable parole de saint Paul; et commençons par l'explication de la première partie du texte : « J'accomplis dans ma chair ce qui manque aux souffrances de Jésus-Christ : » *Adimpleo ea quæ desunt passionum Christi in carne mea*. Le sens de ces paroles est celui-ci : En souffrant dans ma chair, j'accomplis ce qui manque aux souffrances que Jésus-Christ a endurées dans sa chair. Eh quoi! direz-vous, peut-il manquer quelque chose à la Passion du Fils de Dieu? Ses souffrances et la rédemption qui en est le fruit ont donc été insuffisantes? Gardez-vous bien, cher lecteur, de tirer cette conclusion, vous sortiriez de la vérité.

La Passion du Fils de Dieu a été pleine et suffisante. Rien n'a manqué à sa valeur ni à l'étendue de son prix. Ce prix est si élevé, que par sa passion le divin Rédempteur a eu de quoi racheter non-seulement tout le monde, mais, s'il l'eût fallu, mille mondes. Cependant il a manqué et il manque réellement en nous quelque chose à cette passion du Sauveur. Qu'est-ce donc? c'est la communication et la participation de ses souffrances et de ses mérites. Il faut, en effet, que le Christ souffre non-seulement en lui-même, mais encore dans ses membres, c'est-à-dire dans ses apôtres et dans les autres fidèles ; et que par cette passion, par ces souffrances, l'Église, qui est son corps, soit propagée et achevée.

Le décret éternel en est porté : Dieu a déterminé que son Fils souffrirait non-seulement en lui-même, mais encore dans son corps et dans ses membres, c'est-à-dire dans l'Église et dans les fidèles, et que par leurs souffrances Jésus-Christ serait consommé et achevé, en ce sens que chaque fidèle entrant en participation des souffrances et de la Passion de Jésus-Christ, entre en participation de Jésus-Christ lui-même, contracte avec lui une parfaite ressemblance et une très-intime union ; l'union du membre avec son chef, et réciproquement. Et c'est ainsi qu'il est vrai de dire que par ses souffrances le Christ s'achève dans ses membres. Saint Paul avait donc raison de dire : « J'achève dans ma chair ce qui manque aux souffrances du Christ : » *Adimpleo ea quæ desunt passionum Christi in carne mea.*

O vous tous qui souffrez, chrétiens mes frères, quelle immense consolation pour vous ! De toute éternité et par le même décret par lequel il a déterminé que Jésus, son Fils bien-aimé, serait livré à la douleur, Dieu le Père a déterminé que tous ses membres souffriraient, et que, par conséquent, vous souffririez avec lui. O suréminente dignité! ô inappréciable valeur de la souffrance, envisagée en Jésus, notre chef, et dans le décret éternel qui lui communique une destination si sublime, une si merveilleuse fécondité pour notre salut et pour le salut de nos frères!

Voulez-vous le témoignage de saint Augustin sur cette consolante doctrine? Écoutez-le expliquant ce même texte de saint Paul qui est maintenant l'objet de notre étude : « Jésus-Christ, dit-il, a souffert tout ce qu'il devait souffrir. Élevé en croix, il a dit : « Tout est consommé. » C'est-à-dire, rien ne manque à la mesure de mes souffrances. Tout ce qui a été écrit de moi est maintenant accompli. Les souffrances de Jésus sont donc complètes. Oui, ajoute le saint docteur, mais seulement dans le chef. Restent encore à endurer les souffrances de Jésus dans son corps, dans ses membres. Vous êtes, en effet, le corps et les membres de Jésus-Christ. L'apôtre Paul était l'un de ses membres; voilà pourquoi il dit : « J'accomplis dans ma chair ce qui manque aux souffrances de Jésus-Christ (1). »

---

(1) Aug., *in Ps.* 86.

Après l'explication qu'on vient de lire, il est aisé de faire à notre sujet l'application du texte du grand Apôtre. Le savant commentateur qui nous a aidé à découvrir le vrai sens de la première partie de cet oracle, nous servira de guide pour expliquer la seconde. Saint Paul dit donc qu'il accomplit dans sa chair ce qui manque aux souffrances de son maître : *Adimpleo quæ desunt passionum Christi in carne mea*. Et il ajoute : « Pour son corps qui est l'Église. » *Pro corpore ejus quod est Ecclesia*. Expliquons ces derniers mots : Il manque, en effet, beaucoup aux souffrances du Fils de Dieu pour que les infidèles se convertissent à la foi et soient rendus participants de la Passion du Sauveur. Or c'est précisément ce que complètent et achèvent les apôtres en souffrant tout ce qu'ils ont à endurer dans la prédication de l'Évangile pour propager l'Église du Christ, et c'est le premier sens du texte de saint Paul. Voici le second : Il manque beaucoup aux souffrances de Jésus-Christ, pour que ses souffrances et satisfactions soient appliquées plus pleinement aux fidèles déjà convertis.

En effet, par les œuvres satisfactoires qu'il accomplit, chaque fidèle s'applique à lui-même la satisfaction du Rédempteur, et satisfait pour la peine temporelle de ses péchés. Mais il peut aussi, lorsqu'il n'en a plus besoin pour lui-même, appliquer aux autres ses souffrances et ses satisfactions, unies et mêlées à celles du Sauveur Jésus. C'est ce que demande la communion des saints, la communion des bonnes œuvres qui est dans l'Église. Et c'est encore dans ce sens que saint Paul accomplissait pour l'Église ce qui manque aux souffrances du Rédempteur, appliquant le superflu de ses souffrances et de ses satisfactions à l'Église, afin que par elle la satisfaction de Jésus-Christ fût appliquée aux fidèles qui étaient dans l'Église, et qu'ainsi ils satisfissent pour leurs péchés, c'est-à-dire pour la peine temporelle qui leur restait à subir après avoir obtenu le pardon de leurs fautes.

Remarquez avec plusieurs éminents théologiens, parmi lesquels se trouve Bellarmin, que ces paroles de saint Paul peuvent aussi s'étendre et s'appliquer au trésor des indulgences de l'Église ; car Dieu a voulu que ce trésor se composât des mérites et des satisfactions non-seulement de notre divin Sauveur, mais encore des apôtres et de tous les saints. En agissant de la sorte, Dieu a eu l'intention d'honorer à la fois et son Fils et ses saints, en faisant entrer ces derniers en société avec ce même Fils satisfaisant pour les autres. Un roi fait honneur à ses généraux en les mettant à la tête de ses provinces et en leur donnant une part au gouvernement de son royaume. Ainsi

Dieu, cause première de toutes choses, honore ses créatures et les *causes secondes*, en daignant les associer à son œuvre. En second lieu, Dieu a voulu par ce moyen établir une parfaite communication de biens entre les membres de l'Église, c'est-à-dire, entre nous et les saints, comme elle doit exister entre frères d'une même famille. Ainsi les saints complètent réellement pour l'Église ce qui manque à ce trésor dont nous venons de parler, et par conséquent ils accomplissent ce qui manque aux souffrances de Jésus-Christ; parce que, sans ces souffrances des saints, celles du Sauveur ne rempliraient pas ce trésor de la manière que Dieu veut qu'il soit rempli, c'est-à-dire par les souffrances, et par les satisfactions réunies de Jésus et des saints.

Résumons cette explication si encourageante pour les fidèles qui souffrent, et disons : Ce trésor dont il est ici question est assurément complet du côté des mérites du Sauveur Jésus ; mais il est incomplet du côté des mérites des saints ; et c'est de ce déficit que parle saint Paul quand il dit de lui, et par conséquent des autres fidèles, qu'il le remplit, qu'il le comble par ses souffrances.

Tel est, d'après les commentateurs, le sens de ce texte du grand Apôtre : « J'accomplis dans ma chair ce qui manque aux souffrances de Jésus-Christ pour son corps qui est l'Église. »

O vous tous qui avez à souffrir quelques afflictions d'esprit ou de corps, n'oubliez jamais cette explication consolante; surtout retenez bien la conclusion plus consolante encore qui en découle, savoir : que vos souffrances unies à celles de Jésus, votre chef, ont non-seulement une divine efficacité pour vous, mais encore une divine efficacité pour les autres, auxquels vous pouvez, par ce moyen, obtenir la conversion s'ils sont pécheurs, et après leur conversion la grâce de satisfaire pour leurs péchés et de se sanctifier de plus en plus. A ce prix qui n'estimerait la souffrance et ne se résignerait volontiers à souffrir pour les autres avec Jésus-Christ?

Saint Ambroise et saint Jean Chrysostome nous disent que, comme Jésus et l'Église forment mystiquement un seul corps, une seule vie, ainsi la Passion de Jésus et celle de l'Église, c'est-à-dire, des apôtres, des martyrs et de tous les fidèles, forment une seule passion. Autre, en effet, n'est point la souffrance de la tête et celle du corps, c'est-à-dire des membres ; mais la tête et les membres souffrent ensemble d'une seule et même douleur. Or, nous l'avons dit plusieurs fois, Jésus-Christ est la tête ; les apôtres et les fidèles sont ses membres. C'est pourquoi Notre-Seigneur 'adressant à Paul, persécutant l'Église des premiers chrétiens, ne lui dit point : Pourquoi persécutes-tu l'Église, mais pourquoi me persécutes-tu? Car, comme Jésus-Christ communique aux apôtres et aux fidèles la grâce et la patience, ainsi il leur communique ses souffrances. Et comme, quand un membre souffre, tous les autres membres, surtout la tête, souffrent aussi avec lui ; ainsi, quand les fidèles souffrent, Jésus souffre et compatit en eux. Saint Augustin confirme cette doctrine quand il dit : « Les souffrances de Jésus-Christ et des chrétiens sont communes et appartiennent à Jésus-Christ et à l'Église. »

CHAPITRE DOUZIEME

CONDITIONS ESSENTIELLES DE LA DÉIFICATION DE NOS SOUF-
FRANCES ; C'EST-A-DIRE COMMENT DOIT S'OPÉRER L'UNION
DE NOS SOUFFRANCES AVEC JÉSUS-CHRIST POUR QU'ELLES
SOIENT DIVINES, EFFICACES POUR NOUS ET POUR LES
AUTRES.

Avant d'aller plus loin, cher lecteur, et afin de mieux comprendre quelle reconnaissance nous devons à Dieu d'avoir bien voulu élever nos souffrances à l'état divin, rappelons-nous que la cause première et radicale de la souffrance c'est le péché. Saint Paul l'a dit : *Stipendia enim peccati mors.* (Rom., VI.) Or, la mort doit s'entendre ici non-seulement de la crise suprême qui sépare l'âme du corps par un déchirement cruel, mais aussi de toutes les souffrances qui de près ou de loin préludent à cette séparation dernière. Les défaillances quotidiennes de notre nature, ce travail de dissolution que commence en nous la douleur, qu'est-ce autre chose, se demande saint Grégoire, sinon une sorte de mort continue et prolongée? *Quædam prolixitas mortis.* Le péché de notre origine, c'est-à-dire celui que nous contractons en naissant d'un père coupable, nos infidélités personnelles, voilà la principale cause des tribulations que nous avons tous à endurer. De sa nature, et abstraction faite de la rédemption, la souffrance n'est donc et ne peut être autre chose qu'une peine, un châtiment infligé à des coupables. Voyez, cher lecteur, combien nous sommes redevables envers l'infinie miséricorde de Dieu, combien nous lui devons d'actions de grâces pour avoir trouvé dans les trésors inépuisables de sa clémence le moyen de convertir en faveur insigne ce qui, par la force même des choses, devait faire à jamais notre tourment. Ce moyen, saint Paul nous le fait connaître quand il nous dit : « Voici que la bénignité et l'humanité de Dieu notre sauveur ont fait leur apparition parmi nous. » (Tit., III.)

Quand le soleil se lève après une obscure et longue nuit, il chasse devant lui les ténèbres et couvre la terre de ses rayons bienfaisants. Ainsi, lorsque après la longue nuit de quatre mille ans qui précéda sa venue, apparut l'astre divin dont parle ici l'Apôtre, le monde fut inondé de sa céleste lumière et réchauffé de sa vivifiante chaleur. Une transformation merveilleuse s'opéra dans l'humanité et dans les souffrances de l'humanité devenue chrétienne par Jésus-Christ. D'enfants de colère que nous étions par nature, comme s'exprime saint Paul, nous sommes devenus fils de Dieu par adoption, et de purs instruments de la justice divine qu'elles étaient auparavant, nos souffrances sont devenues des instruments de miséricorde et une source inépuisable des plus grands biens. Louange et gloire éternelle en soient rendues à Jésus-Christ, à l'infinie bonté duquel nous sommes redevables d'un si grand bienfait. Mais autant ce bienfait est précieux pour nous, autant il nous importe de savoir comment nous devons nous y prendre pour en profiter et nous en faire l'application. C'est ce que nous allons essayer d'expliquer en développant cette parole de Notre-Seigneur Jésus-Christ à ses disciples : *Je suis la vigne, vous êtes les branches.*

Toute l'économie pratique de la déification de notre nature, et par conséquent de nos actions et de nos souffrances, est renfermée dans ces deux mots si courts, mais si substantiels : *Ego sum vitis, vos palmites :* « Je suis la vigne, vous êtes les branches. » La vigne c'est Jésus-Christ, les branches c'est chacun de nous, disciples et membres de Jésus-Christ. Voulons-nous que nos souffrances soient rendues déifiques, méritoires pour nous, salutaires pour les autres? Il n'y a qu'un seul moyen à prendre, une seule condition à remplir, c'est de nous unir à Jésus, la vraie vigne, comme des branches vivantes. A cette condition nous recevrons en nous la séve divine, la vie divine, c'est-à-dire, la communication du sang divin de Jésus-Christ, qui est comme le suc de l'arbre de vie ; et avec ce sang nous aurons la vie divine de Jésus-Christ en nous. Donnons quelques développements à ce texte, qui renferme en si peu de mots toute la doctrine pratique de la vie divine et surnaturelle du chrétien.

Pourquoi Notre-Seigneur propose-t-il à ses disciples et dans leurs personnes à chacun de nous cette comparaison touchante ? Pour nous apprendre que nous devons demeurer fidèles dans sa foi et dans son amour sans jamais nous en écarter. C'est ainsi que nous porterons des fruits, et pour nous et pour les autres, il se compare à la vigne pour plusieurs raisons. La première, parce que, lorsqu'il se servit de cette comparaison, il venait d'instituer la sainte Eucharistie, dans laquelle il avait donné à boire à ses apôtres son sang sous l'espèce du vin, et l'avait laissé à tous les fidèles jusqu'à la fin des siècles afin que tous pussent en boire à leur tour, et qu'on les vît, par la vertu de ce vin mystérieux, s'enflammer de son amour et surmonter généreusement les tentations. La seconde raison est que le Fils de Dieu était sur le point d'aller à la croix et à la mort, si parfaitement représentée par la vigne et ses raisins. Car, comme du raisin pressé jaillit un vin exquis et précieux, ainsi de ce divin Agneau foulé au pressoir de la croix a jailli le sang qui a racheté le monde, et c'est ainsi qu'il a le droit de s'appeler la véritable vigne, *Ego sum vitis vera*; de même que la vigne produit des branches et des raisins, ainsi le Sauveur Jésus produit par sa grâce, comme par un suc divin, de vrais fidèles et de vraies vertus.

Oui, Jésus-Christ est la vraie vigne comme il est la vraie lumière, *ego sum lux vera*; comme il est la vraie vie, *ego sum vita*; comme il est le vrai pain du ciel, *panem de cœlo verum*. Il est cette vigne choisie dont parle le prophète Isaïe, qui a répandu sur toute la terre les rameaux de la foi, qui a produit ces branches vigoureuses, ces raisins exquis, c'est-à-dire la glorieuse troupe des martyrs, des vierges, des confesseurs et de tous les saints. En effet, après avoir dit, Je suis la vigne, il ajoute, et vous êtes les branches. Mais remarquez bien, cher lecteur, à quelle condition il communique la fécondité à ses branches : à la condition qu'elles seront unies à lui. Celui qui demeure en moi et en qui je demeure, celui-là porte beaucoup de fruits. Ce qui signifie : celui qui demeure en moi de telle sorte que je demeure en lui; celui qui demeure en moi, non par la foi seule, mais par la foi vivifiée par la charité, en sorte qu'à mon tour je l'aime et je le remplisse de mon esprit; celui-là porte beaucoup de fruits de bonnes œuvres et de mérites par lesquels il acquiert un continuel accroissement de grâces et de gloire. Car, continue ce bon maître, sans moi vous ne pouvez rien faire, rien qui mérite la vie divine et éternelle : *Sine me nihil potestis facere.* Comme la branche ne peut porter de fruits par elle-même, si elle ne demeure attachée à la vigne, ainsi vous ne pouvez porter aucun fruit si vous ne demeurez en moi : *Sic et vos, nisi in me manseritis.* Comme la branche puise dans la vigne à laquelle elle est unie la vie et le suc pour produire des raisins, ainsi vous puisez en moi la vie de la grâce et l'esprit pour produire les bonnes œuvres qui méritent la vie éternelle.

D'où il résulte que ce n'est point de lui-même, ni de ses forces naturelles, ni du secours extérieur *d'aucun homme*, mais de la grâce intérieure de Jésus-Christ, que l'homme reçoit la force de produire les bonnes œuvres surnaturelles, et par conséquent la force de mériter une augmentation de grâce et de gloire, par la raison que la branche n'a rien par elle-même, mais tire de la vigne tout son suc, toute sa fécondité, toute sa vertu productive. Saint Cyrille expliquant l'intimité d'union qui existe entre cette vigne divine et ses branches, c'est-à-dire entre Jésus-Christ et les chrétiens ses membres, dit que nous sommes saints et unis à ce divin Sauveur de deux manières : *spirituellement* par la foi, l'espérance et la charité ; et *corporellement* en ce sens que l'humanité sainte de Jésus-Christ est cette vigne dont nous sommes les branches à cause de l'identité de la nature humaine, principalement dans la très-sainte Eucharistie, dans laquelle nous sommes unis au Fils de Dieu fait homme non-seulement comme la branche à la vigne, mais comme une cire fondue s'unit et se mêle à une autre cire également fondue.

De toutes ces considérations il est aisé de conclure que la condition essentielle, indispensable, unique, d'opérer et de souffrir surnaturellement, divinement, et par conséquent d'une manière efficace pour son propre salut et pour celui des autres, c'est d'être unis à Jésus-Christ comme la branche à la vigne : en d'autres termes, d'être en état de grâce sanctifiante, laquelle unit le chrétien à son divin chef non-seulement par la foi et par l'espérance, mais encore par la charité. Sans cette condition, les actions et les souffrances du chrétien sont les fruits sans vie d'une branche morte et desséchée. Comment voulez-vous qu'une branche où la séve vivifiante ne monte plus puisse produire des fruits de vie, surtout de vie divine? C'est Notre-Seigneur qui l'a dit, et nous venons de l'entendre ; mais voici qu'il confirme encore cet enseignement dans le même passage évangélique, quand il dit : Si quelqu'un ne demeure pas en moi (sous-entendez par la charité jointe à la foi), on le jettera dehors comme une branche (inutile et stérile); et il se desséchera, et on le ramassera, et on le jettera au feu, et il y brûlera. Ce qui signifie : De même que la branche inutile est retranchée de la vigne, jetée hors du champ où la vigne est plantée, ramassée en faisceau et jetée au feu; ainsi le fidèle qui ne demeure pas en moi par la foi et par la charité, sera rejeté dehors après sa mort, c'est-à-dire sera séparé de l'Église et du peuple fidèle, et par conséquent du nombre des membres de Jésus-Christ; et dans cet état il se desséchera, il sera privé du suc vivifiant de la grâce, il sera ramassé par les démons avec les autres réprouvés, lié par eux en faisceau afin d'être jeté dans le feu de l'enfer, où il brûlera éternellement.

Mais autant le sort de ce sarment retranché et desséché est déplorable, autant celui du sarment uni à la vigne est heureux et digne d'envie. C'est parce qu'elle était intimement unie à Jésus-Christ, la vraie vigne, que la très-sainte Vierge Marie a reçu en elle-même une si grande abondance de vie divine, et qu'elle a pu et pourra jusqu'à la fin des siècles distribuer de sa plénitude à tous les enfants d'Adam. Sarment divin, ou plutôt seconde vigne, issue de la première et par laquelle toutes les branches viennent se rattacher au tronc divin qui est l'humanité sainte de son Fils bien-aimé ! C'est à l'union intime de Marie avec Jésus que tant de pécheurs sont redevables de leur conversion, tant de justes de leur persévérance, tant d'élus de leur bonheur éternel. C'est parce qu'ils étaient étroitement unis à Jésus la vraie vigne, que les apôtres ont été remplis de l'Esprit-Saint, et par conséquent de la vie de Dieu, et qu'ils ont conquis à Jésus-Christ tant de royaumes, c'est-à-dire répandu la vie divine et avec elle le règne de Dieu et de son divin Fils dans un si grand nombre d'âmes. Leurs souffrances, divinisées par cette union, avaient autant d'efficacité que leurs prédications pour ramener les peuples des ténèbres de l'erreur au grand jour de la vérité évangélique. Et c'est pourquoi ils se réjouissaient de souffrir les opprobres pour le saint nom de Jésus, dont ils prêchaient la doctrine : *Ibant gaudentes, quoniam digni habiti sunt pro nomine Jesu contumeliam pati.* L'un d'eux surtout qui a eu à souffrir pour ce saint nom plus que tous les autres, l'apôtre saint Paul se complaît dans l'énumération de ses souffrances, si fécondes pour le salut des nations auxquelles il a été envoyé. C'est lui qui dit aux Galates, ses fils spirituels en Jésus-Christ : *Filioli mei, quos iterum parturio, donec formetur Christus in vobis*: « Mes petits enfants, que j'enfante de nouveau jusqu'à ce que Jésus-Christ soit formé en vous. » Et c'est lui encore qui leur révèle le secret de cet enfantement mystérieux, de cette fécondité apostolique en leur disant : *Mihi autem absit gloriari, nisi in cruce Domini nostri Jesu Christi:* « Loin de moi de me glorifier en autre chose que dans la croix de Jésus-Christ, en qui le monde m'est crucifié et je suis crucifié au monde... Je porte dans mon corps les stigmates du Seigneur Jésus : » *Ego enim stigmata Domini Jesu in corpore meo porto.* (Gal., vi, 14, 17.)

Être uni à Jésus-Christ par la charité comme le sarment est uni à la vigne, voilà donc avec la pureté d'intention, qui leur donne une direction surnaturelle, tout le secret de l'élévation de nos souffrances à l'état divin, voilà la condition indispensable de leur divine fécondité pour notre bien et pour celui des autres ; voilà ce qui les rend méritoires pour nous, efficaces pour le salut et pour la perfection du prochain.

Unissons-nous donc aux dispositions de Jésus souffrant, surtout à son humilité, à sa patience, à son ardente charité pour Dieu et pour les hommes. Unissons-nous aux intentions de Jésus souffrant, c'est-à-dire au dessein qu'il se proposait de glorifier Dieu son Père et de sauver les hommes. C'est ainsi qu'ont fait tous les saints, et c'est par ce moyen qu'ils ont été véritablement apôtres de la gloire de Dieu et du salut de leurs frères par la souffrance. L'apostolat de la souffrance ne pouvant s'exercer fructueusement qu'à cette condition, embrassons-la courageusement, et concluons que plus on est intimement uni par l'amour et par la douleur à Jésus souffrant, plus aussi on est apôtre par la souffrance.

CHAPITRE TREIZIÈME

CONCLUSIONS PRATIQUES DU CHAPITRE PRÉCÉDENT.

Puisque Jésus-Christ est la vigne, et que nous sommes les branches, puisqu'il est notre chef, et que nous sommes ses membres, si nous voulons participer à sa vie divine en sorte que cette vie s'épanche en nous surnaturellement, jusqu'à nos moindres œuvres, aux moindres de nos souffrances, il faut nous tenir unis à Jésus-Christ par la charité et nous associer à ses dispositions, à ses intentions. De tous les principes de la vie spirituelle, celui-ci est le plus pratique et le plus fécond. On peut dire qu'il renferme à lui seul tous les autres; en effet, il est la mise en œuvre de notre incorporation à Jésus-Christ et de son développement en nous jusqu'à la plénitude d'âge du Christ, selon l'expression de saint Paul : *In mensuram ætatis plenitudinis Christi.* (Eph., IV.)

L'économie complète de notre élévation à l'état surnaturel et divin consiste dans la formation croissante de Jésus-Christ en nous jusqu'à cette plénitude dont parle l'Apôtre dans ce même passage de son épître aux Éphésiens, où, développant l'admirable doctrine de l'unité des membres de Jésus-Christ entre eux, il démontre en même temps le principe et la perfection de cette unité en Jésus-Christ, et en tire des conséquences pratiques qui s'adaptent parfaitement à notre sujet. Voici les paroles de l'Apôtre : « Je vous conjure, moi qui suis enchaîné pour le Seigneur, de marcher d'une manière digne de votre vocation, en toute humilité, mansuétude et patience, vous supportant les uns les autres dans la charité, vous efforçant soigneusement de conserver l'unité de l'esprit dans le lien de la paix. Vous ne formez entre vous qu'un seul corps et un seul esprit, comme il n'y a pour vous qu'une seule espérance, un seul Seigneur, une seule foi, un seul baptême, un seul Dieu, père de tous et au-dessus de tous... Or, à chacun de nous la grâce a été donnée selon la mesure où il plaît à Jésus-Christ de nous la donner : aux uns il a donné d'être apôtres, aux autres d'être prophètes, aux autres d'être évangélistes : aux autres d'être prêtres et docteurs, conduisant ainsi à sa consommation la formation des saints pour l'œuvre du ministère évangélique pour l'édification du corps de

Jésus-Christ, jusqu'à ce qu'enfin nous parvenions tous à l'unité de la foi et à la connaissance du Fils de Dieu, à l'homme parfait, à la mesure de la plénitude de l'âge du Christ. »

Or, pour atteindre à cette mesure, « renouvelez-vous, » nous dit encore saint Paul, « dans l'esprit qui vivifie votre âme : » c'est-à-dire, renouvelez-vous par la vertu vivifiante de la grâce communiquée à votre âme, par laquelle grâce l'Esprit-Saint nous régénère et nous transforme ; « et revêtez-vous de l'homme nouveau qui a été créé selon Dieu dans la justice, et dans la sainteté vraie et sans feinte. » C'est-à-dire, revêtez-vous de Jésus-Christ, le nouvel Adam. « C'est pourquoi, déposant le mensonge, ne dites entre vous que la vérité ; car nous sommes membres les uns des autres... Ne laissez aucune place en vous au désordre..., et ne contristez pas le saint Esprit de Dieu.... Soyez bienveillants et miséricordieux entre vous, vous pardonnant les uns aux autres, comme Dieu vous a pardonné en Jésus-Christ. » (Eph., IV.)

Comme vous le voyez, cher lecteur, le grand Apôtre vous enseigne ce qu'il faut entendre dans la pratique dans notre incorporation à Jésus-Christ, c'est-à-dire par l'union de notre vie, de nos actions, de nos souffrances, à sa vie, à ses actions, à ses souffrances. L'imitation des vertus de notre divin chef, particulièrement de l'humilité et de la charité, voilà de tous les moyens les plus efficaces pour que cette union porte son fruit, pour que nos souffrances soient profitables à nous et à nos frères.

De tout ce qui vient d'être dit, tirons cette conclusion pratique, savoir : que sur les trois manières de souffrir qui peuvent se rencontrer et qui se rencontrent, en effet, parmi les chrétiens, il n'y en a qu'une seule qui soit digne du vrai disciple de Jésus-Christ, une seule qui soit méritoire pour le ciel, une seule qui puisse contribuer au salut des âmes et avoir une véritable vertu d'apostolat. Ces trois manières de souffrir, les voici : la première est infernale, la seconde purement terrestre, et la troisième céleste et terrestre tout à la fois.

Pour mieux rendre notre pensée, divisons les chrétiens qui souffrent en trois catégories : la première est celle des mauvais chrétiens, pour qui la souffrance est une occasion de blasphème et de murmure contre le Dieu dont la main paternelle les frappe. Ces chrétiens, indignes de ce nom, souffrent *diaboliquement*, c'est-à-dire, comme les démons et les damnés dans l'enfer, avec murmure, insubordination, haine, blasphème. Ainsi endurées, leurs souffrances, non-seulement ne sont pas méritoires, mais elles seront pour eux l'occasion de maux incalculables, s'ils persévèrent dans ces coupables dispositions. Non-seulement elles ne sont pas utiles à leurs frères, mais, à cause du lien de solidarité qui existe entre les membres du corps mystique de Jésus-Christ, elles leur sont souvent nuisibles, parce qu'elles sont cause que le bras de Dieu s'appesantit sur les innocents, qui, dans ce cas, souffrent à l'occasion de leurs frères coupables. Ainsi, cette première catégorie de chrétiens endure sans mérite et sans consolation; que dis-je? leurs peines et leurs tribulations augmentent d'intensité à mesure que leurs murmures augmentent, à tel point qu'on en voit quelquefois plusieurs se précipiter dans l'abîme du désespoir et mettre fin à leurs jours par le suicide. Remède cruel! car, par ce dernier acte de révolte contre Dieu, leurs souffrances, de temporelles qu'elles étaient, deviennent irrémédiables et éternelles. Quoi de plus triste, quoi de plus affligeant que la souffrance supportée dans de pareilles dispositions et avec un pareil résultat? Souffrir en ce monde, et par ses souffrances mal endurées mériter de souffrir éternellement en l'autre : est-il rien de plus affreux? De tous les maux ce mal n'est-il pas évidemment le pire? Et le chrétien qui souffre ne doit-il pas à tout prix faire effort pour l'éviter? Aussi bien que tous ses autres devoirs, la souffrance est imposée à l'homme. Se révolter contre elle, c'est se révolter contre Dieu qui l'envoie, et par conséquent c'est mériter sa vengeance. De là ce mot de saint Augustin : *Una eademque vis irruens bonos probat, purificat; malos vastat, damnat, exterminat;* ce qui veut dire : « La même main qui s'appesantit sur le juste l'éprouve et le purifie, tandis que, sous les coups de la même main, le méchant qui se révolte contre elle se damne et se perd. »

La seconde catégorie se compose de chrétiens qui souffrent indifféremment, stoïquement, c'est-à-dire sans aucun motif surnaturel, mais uniquement parce qu'ils ne peuvent pas éviter la souffrance. Supportée de la sorte, la souffrance est complétement stérile en fruits de salut. Sans aucune relation avec l'ordre surnaturel, attendu qu'elle ne s'élève en rien au-dessus de l'humain et du terrestre, comment pourrait-elle obtenir un résultat surnaturel, porter des fruits surnaturels, c'est-à-dire contribuer efficacement au salut éternel de celui qui les endure? Ces sortes de souffrances n'étant pas consolées par les motifs que fournit l'espérance chrétienne, sont très-pénibles à porter. Et, quelque force de caractère que vous supposiez à celui qui les subit, il est difficile, pour ne pas dire impossible qu'elles ne soient pour lui un fardeau très-pesant, et, si elles s'aggravent considérablement, un fardeau insupportable. En tout cas, nous le répétons, ce sont des souffrances endurées en pure perte. Et cette perte est assurément déplorable. Lorsqu'un homme s'est livré pendant longtemps à un travail très-pénible, s'il arrive qu'à la fin de ses travaux, il n'en retire absolument aucun profit, est-ce qu'il n'y a pas lieu pour lui de déplorer cette peine perdue? Or voici que les afflictions, les travaux, les peines de toutes sortes, remplissent les trois quarts de notre vie, pour ne pas dire notre vie tout entière; si cette longue série de douleurs n'a d'autre résultat en fin de compte que d'avoir été endurées parce qu'il a été impossible de faire autrement, ou bien pour donner satisfaction à une sotte vanité de stoïciens, n'y a-t-il pas là de quoi s'humilier et de quoi gémir profondément? Cette manière de souffrir avilit l'homme, parce qu'elle ne lui montre dans la douleur qu'un tyran dont il faut, bon gré mal gré, subir le joug. Et si, par force d'âme ou de caractère, il parvient à en diminuer le poids, ce joug n'en est pas moins un esclavage sans gloire, ou du moins sans gloire véritable. Voudriez-vous, cher lecteur, qu'il en fût ainsi de vous, et que vos souffrances fussent frappées de stérilité à la fois si triste et si humiliante? Oh! non, vous ne le voulez pas. Votre foi et votre dignité de chrétien y répugnent; et vous êtes, avec la grâce de Dieu, tout disposé à souffrir comme la troisième catégorie dont il nous reste à vous parler.

Cette catégorie est celle des chrétiens, véritablement dignes de ce nom, qui voient dans la souffrance ce que tout chrétien doit toujours y voir, un moyen d'expier ses péchés, de devenir plus semblable à Jésus-Christ, chef et modèle des prédestinés, et par conséquent de mériter le ciel. Sous l'empire de ces pensées salutaires empruntées à l'ordre surnaturel, ces fervents chrétiens souffrent avec patience, avec résignation, avec amour, en union avec Jésus-Christ leur chef crucifié, se conformant autant qu'il est en eux à ses dispositions, à ses intentions et à ses fins. Quelles que soient la violence et la durée de leurs maux, jamais vous ne surprendriez sur leurs lèvres une seule parole de murmure; et, s'il vous était donné de pénétrer jusqu'au fond de leur cœur, vous y rencontreriez les nobles sentiments des grandes âmes, des cœurs façonnés à l'image du Cœur sacré de Jésus, je veux dire la résignation dans la souffrance, l'amour de la souffrance. En plusieurs d'entre eux vous rencontreriez même cet amour porté au degré héroïque qui poussait une sainte Thérèse à s'écrier, au plus fort de ses douleurs : « Seigneur Jésus, pour votre amour ou souffrir, ou mourir : » *Pati, aut mori*; et une sainte Marie-Madeleine de Pazzi, à s'écrier à son tour : « Seigneur Jésus, pour votre amour souffrir, et ne pas mourir : » *Pati, non mori*. O grandes âmes, suppliez le Dieu qui inspira ces sublimes élans d'amour à vos cœurs généreux, d'embraser les nôtres des mêmes ardeurs, afin que, préférant pour l'amour de notre Dieu la souffrance aux consolations, nous puissions nous écrier avec vous : « Souffrir, oui souffrir encore ; » et avec saint François-Xavier : Encore plus de souffrance, Seigneur, encore plus de souffrance : » *Amplius, Domine, amplius!*

Mais, s'il ne nous est pas donné de souffrir de cette manière, qui est de toutes assurément la plus sublime et la plus divine, souffrons du moins avec une véritable résignation chrétienne, à l'exemple de l'Agneau de Dieu, qui, tandis qu'on le clouait à la croix, n'ouvrait pas la bouche pour se plaindre. Souffrir de la sorte c'est souffrir *chrétiennement*, en union avec Jésus-Christ chef de tous les chrétiens ; et si une pensée de zèle vient féconder cette souffrance ainsi endurée, alors on souffre *apostoliquement* et l'on est en toute vérité *apôtre par la souffrance*. On convertit les pécheurs, on obtient la persévérance des justes, en un mot, on sauve des âmes. Et si, avec le secours d'une grâce puissante, on en vient à chérir la souffrance comme une Thérèse, comme une Madeleine de Pazzi, comme un François-Xavier, alors on réalise sur de très-larges proportions, dont l'étendue n'est bien connue que de Dieu seul, cet *apostolat de la souffrance*, auquel nous vous convions, cher lecteur, de toute la force de persuasion dont nous sommes capables.

Plus il y aura dans ce malheureux siècle de ces âmes généreuses qui consentent à s'offrir à Dieu en *victimes de douleur et d'amour* avec la Victime par excellence, plus il y aura espoir de salut pour la génération présente, plus il y aura espoir d'un triomphe prochain et éclatant pour la sainte Église notre mère : *Fiat, fiat.* Le sang des martyrs est une semence de chrétiens; or, les âmes volontairement sacrifiées pour Dieu et pour leurs frères ne sont-elles pas des martyrs cachés, comme le fut Louis de Gonzague, au rapport de la même sainte Madeleine de Pazzi, laquelle ayant vu dans une extase la gloire de Louis dans le ciel, s'écria : « Oui, Louis, fils d'Ignace, fut un martyr, un martyr de charité. »

O Jésus, mettez au cœur de quelques jeunes chrétiens fervents, de quelques jeunes chrétiennes ferventes la pensée et le désir de s'offrir à vous en victimes de douleur et d'amour pour cette malheureuse génération. Vous seul savez ce que vaut à vos yeux et combien vous est agréable ce sacrifice des prémices de la vie à un âge où tant d'autres ne songent qu'à vous offenser en s'abandonnant à toute la fougue de leurs passions. Un des sacrifices de l'ancienne loi les plus agréables au Seigneur était celui des prémices. Vous le saviez, divin Agneau de Dieu, et voilà pourquoi dès votre entrée dans la vie vous vous êtes offert à votre Père céleste comme une précoce victime, vous mettant dès le premier instant de votre existence en état d'holocauste pour sa gloire et pour notre salut. Soyez-en à jamais béni; et puissent beaucoup de jeunes et nobles cœurs, s'inspirant de votre exemple, s'offrir avec vous à votre Père céleste en sacrifice d'agréable odeur, pour le salut de leurs frères en ce temps malheureux, où un si grand nombre d'entre eux, pervertis par l'impiété et la corruption de ce siècle, se perdent sans retour!

CHAPITRE QUATORZIÈME

L'APOSTOLAT DE LA SOUFFRANCE DANS LES FAMILLES
ET PARMI LES SIMPLES FIDÈLES.

Il nous reste maintenant à dire où doit s'exercer cet apostolat de la souffrance, dont les considérations précédentes viennent de nous révéler l'excellence et la mystérieuse fécondité. Quel est le champ, le théâtre sur lequel les apôtres de la souffrance ont à réaliser leur mission? Le champ du zèle catholique, c'est le monde entier, et le véritable apôtre de la souffrance n'exclut de ses intentions charitables aucune des âmes que Jésus-Christ a rachetées de son sang. Cependant, tout en endurant pour tous les hommes en général, il dirige plus spécialement l'action mystérieuse de ses souffrances sur ceux que l'Esprit-Saint lui désigne; il entre, en effet, dans les desseins de Dieu, et l'harmonie générale de ses œuvres demande qu'à chaque ouvrier travaillant à la vigne du Seigneur une portion soit assignée, afin que, concentrant principalement ses forces sur ce point particulier, il agisse avec une plus grande efficacité. Et c'est ce que l'Esprit-Saint a coutume d'inspirer aux âmes qui se laissent conduire par sa grâce. Au souffle vivifiant de ce divin esprit, l'âme chrétienne, le cœur chrétien reçoit comme une double impulsion, un double mouvement : l'un universel qui le porte à épancher son affection et son zèle sur tous les membres de Jésus-Christ, sur tous les enfants de l'Église, et même si cette âme s'est agrandie au contact du Cœur sacré de Jésus, sur l'humanité tout entière pour le ramener au service et à l'amour de son Créateur. Mais à côté de ce mouvement universel qui fait que l'âme fidèle s'épanche sur le monde comme pour le féconder de sa prière, de sa souffrance, des saintes ardeurs de son amour, il y a un mouvement plus spécial, plus circonscrit, plus restreint, qui indique ordinairement à l'âme le dessein particulier de Dieu sur elle, et quelle partie de sa vigne il lui donne à cultiver. Ce mouvement intérieur c'est l'attrait de la grâce, la direction spéciale de l'Esprit-Saint attirant l'âme sur le terrain où elle doit spécialement dépenser ses forces, et la dirigeant dans le travail et la culture de ce champ mystérieux. Oh! combien il importe que les directeurs des âmes comprennent cette vérité pratique de l'ordre spirituel;

pour ne pas s'exposer à contrarier dans son œuvre à la fois une et multiple le grand ouvrier du salut et de la perfection des âmes, l'Esprit-Saint, qui souffle où il veut et comme il veut. C'est pour n'avoir pas compris cette économie de la grâce dans les âmes que tant de directeurs ont entravé l'œuvre de Dieu, arrêté dans leur marche vers la perfection tant de cœurs généreux qui y seraient parvenus, et par conséquent mis obstacle au salut de bien des pécheurs auxquels ces âmes arrivées à la sainteté auraient obtenu la grâce de la conversion.

Ramenant cette doctrine à notre sujet, nous ne craignons pas d'affirmer que Dieu destine à chacun des chrétiens qui souffrent en union avec son divin Fils, un champ particulier où leur souffrance doit spécialement porter des fruits de salut pour eux-mêmes et pour les autres. Entrons dans quelques explications, et montrons les apôtres de la souffrance chacun au poste d'honneur où la divine Providence l'a placé.

Commençons par la famille chrétienne, qui représente en petit la sainte Église, c'est-à-dire la grande famille catholique, dont elle est un fragment. Malheureusement il n'arrive pas toujours que chacun des membres qui la composent en soit un membre vivant. Souvent, surtout en ce siècle corrompu et corrupteur, il arrive que

Dieu rencontre des ennemis jusqu'au sein de ces familles où il ne devrait trouver que des amis et de fidèles serviteurs. Mais souvent aussi, par un contraste dont il faut bénir la douce Providence, à côté de ces âmes souillées par le souffle pestilentiel du péché, apparaît la suave et sereine figure de la souffrance personnifiée dans un ange de pureté et de candeur, qui souffre et qui prie pour les membres de sa famille qui ne veulent ni prier, ni souffrir. Oh! qui dira l'excellence, l'efficacité de la mission vraiment divine que remplissent au sein de leurs familles ces anges de paix, ces victimes innocentes, dont les prières et les souffrances, comme autant de paratonnerres, détournent de la tête de leurs proches les foudres de la divine justice sur le point d'éclater sur eux?

L'innocente Marie, alors qu'elle était sur la terre, a accompli cette mission de miséricorde en faveur de toute la famille humaine, dont elle était déjà par ses ardentes prières, par ses incomparables vertus et par son admirable patience, l'avocate et la victime d'agréable odeur.

Monique, mère d'Augustin, gémit de voir ce fils de sa tendresse oublier ses pieuses leçons, et s'en aller, nouveau prodigue, consumer en coupables plaisirs les plus belles années de sa jeunesse. Mais Monique est mère chrétienne; elle sait ce que valent auprès de Celui qui compte jusqu'aux moindres soupirs poussés par son amour, les prières et les larmes d'une pauvre mère qui supplie le Seigneur de lui accorder la conversion de son fils. Elle prie donc, elle pleure, elle souffre pour obtenir cette grande grâce en faveur de son Augustin. Elle est exaucée, chacun sait avec quelle libéralité, ou plutôt avec quelle magnificence de la part de Dieu. Car non-seulement il lui accorde la conversion de son fils, mais encore il le choisit pour en faire un vase d'élection où il déposera, avec le parfum des vertus les plus suaves, les trésors d'une science toute divine. Saint évêque, docteur éminent, génie catholique incomparable, Augustin répand par ses vertus, par sa doctrine, par ses immortels écrits, tant d'éclat sur l'Église, que cette sainte épouse de Jésus-Christ en resplendira d'une gloire nouvelle, et s'en revêtira comme d'un manteau d'honneur. O puissance de la prière et de la souffrance endurée en union avec Jésus-Christ pour la conversion des pécheurs, surtout de ceux qui nous sont unis par les liens du sang !

Mères chrétiennes, épouses chrétiennes, qui lisez ce livre, souvenez-vous toujours de Monique, mère d'Augustin; à l'exemple de ce modèle accompli des mères et des épouses chrétiennes, soyez apôtres au sein de vos familles, non-seulement par vos prières, vos bons conseils, vos bons exemples, mais encore par vos souffrances, par vos peines, par vos chagrins endurés avec résignation, avec amour, pour la conversion de votre époux qui ne pratique pas sa religion, qui peut-être est un impie, un scandaleux; pour la conversion ou la persévérance de vos enfants que le souffle corrompu du siècle a déjà gâtés, ou qui courent le danger d'en subir la mortelle influence. Oui, soyez apôtres par la souffrance, avant tout pour ceux que Dieu vous a unis par les liens du sang d'une manière plus étroite; étendez ensuite dans une juste proportion l'influence de cet apostolat à tous les membres de votre parenté. Et que ce soit là le champ de prédilection où vous aimiez à l'exercer de préférence. Ce premier devoir accompli, n'oubliez pas que le cœur du chrétien doit être grand comme le monde, et embrasser dans sa vaste étreinte tous les enfants de l'Église, nos frères, membres de Jésus-Christ comme nous, tous les enfants de l'humanité, nos semblables, créatures de Dieu comme nous. C'est pourquoi, après avoir dit à Notre-Seigneur avec cet élan du cœur qui va droit à son Cœur divin : « O mon Jésus, daignez accepter les souffrances, les chagrins, les privations que j'endure pour la conversion de mon mari, de mes enfants, de mon frère, de ma sœur, de mes proches, ou pour leur persévérance dans le bien ; » dites-lui : « O Jésus, acceptez-les aussi pour les besoins de la sainte Eglise, ma mère, du souverain Pontife, mon père, de tous les chrétiens, mes frères, surtout pour ceux de cette paroisse, pour la persévérance des justes, la conversion des pécheurs, le salut des moribonds, surtout de ceux qui mourront aujourd'hui, pour la délivrance des âmes du purgatoire, pour la complète extirpation des associations anticatholiques, qui vous veulent tant de mal, pour l'humiliation de vos ennemis, enfin pour la conversion des infidèles.

Ainsi endurée et offerte en union avec Notre-Seigneur Jésus-Christ, votre souffrance sera dans les conditions voulues pour être une souffrance parfaitement apostolique. En souffrant de la sorte et pour ces fins, vous seconderez la double impulsion dont nous avons parlé, que l'Esprit-Saint a coutume d'imprimer aux âmes dociles, savoir : une impulsion de zèle universel qui incline l'âme à prier et à souffrir pour tout le corps de l'Église, et pour les besoins spirituels de tous ses membres, et même de l'humanité tout entière ; et une impulsion de zèle plus circonscrit qui la porte à prier et à souffrir d'une manière plus spéciale pour telle personne ou pour telle catégorie de personnes; pour telle nécessité de l'Église en particulier, pour telle fin plutôt que pour telle autre.

O membres des familles chrétiennes, père, mère, enfants, frères et sœurs, accomplissez fidèlement les uns envers les autres ce double apostolat de la prière et de la souffrance. Et lorsque l'adversité vient visiter votre demeure, réveillez votre foi et remerciez le Seigneur. Cette adversité, cette maladie, ce revers, cette infortune, cette douloureuse séparation, c'est la croix de Jésus qui vient d'être plantée dans votre maison. Ce membre de votre famille, infirme, malade, affligé, s'il sait unir son infirmité, sa maladie, son affliction aux souffrances du Sauveur, c'est un membre de Jésus-Christ infirme, malade, affligé; c'est en quelque sorte Jésus-Christ lui-même attaché à la croix dans la personne de son membre souffrant. Si, par un miracle de la toute-puissance de Dieu, votre maison se transformait tout à coup en Calvaire, et qu'il vous fût donné d'y contempler votre divin Rédempteur en croix, les pieds et les mains percés de clous, la tête couronnée d'épines, et le corps tout sanglant, avec quel respect, quelle compassion, quel amour vous contempleriez votre Sauveur souffrant et mourant pour vous! Eh bien! sachez que ce spectacle touchant est d'une certaine manière placé sous vos yeux toutes les fois qu'il y a dans votre famille un membre de Jésus qui souffre et qui souffre en chrétien. Alors votre maison est un second Calvaire; le lit de douleur du pauvre malade, surtout du pauvre agonisant, est une croix à laquelle il est cloué, et lui-même il représente Jésus souffrant, agonisant, mourant. Vous regardez comme une bénédiction d'avoir un crucifix suspendu dans votre demeure, dans votre chambre, dans votre oratoire : ah! croyez-le, un chrétien malade, infirme, éprouvé, qui supporte ses souffrances avec patience et amour, c'est un crucifix vivant. Sa seule présence attire sur votre maison et sur ceux qui l'habitent les bénédictions célestes, ou en écarte les malédictions qui peut-être tomberaient sur elle à cause des péchés de plusieurs de ses membres.

La vénérable Anna Taïgi, dont l'Église poursuit en ce moment le procès de béatification, a présenté dans ces derniers temps un exemple admirable de cet apostolat de la souffrance au sein de la famille. Épouse et mère chrétienne, elle en a rempli tous les devoirs avec une perfection digne d'être proposée pour modèle; mais ce qu'il y a eu peut-être de plus admirable en cette femme forte, ç'a été sa patience invincible au milieu des souffrances, et le grand amour avec lequel elle les endura pour le besoin de l'Église, des âmes, et en particulier pour les besoins spirituels et temporels des siens, surtout de son mari et de ses enfants. Nos lecteurs nous sauront gré de placer ici un résumé succinct de cette sainte et noble vie.

Nous l'empruntons au *Messager du Sacré-Cœur de Jésus.*

« Lorsque, par un vrai prodige de miséricorde, Dieu arracha Maria-Anna Taïgi au tourbillon de vanité et de dissipation qui avait entraîné sa jeunesse, il lui fit connaître que désormais elle ne devrait plus vivre pour elle-même, mais qu'elle devait se sacrifier tout entière pour le salut des âmes et le triomphe de l'Église. Dès lors, en effet, elle s'identifia avec le corps mystique de Jésus-Christ, elle en ressentit toutes les douleurs bien plus vivement que ses propres douleurs, et elle s'offrit en holocauste pour obtenir l'éloignement des fléaux qu'elle voyait fondre sur la société chrétienne. C'est en vue de cette mission tout apostolique que lui fut accordé le don miraculeux dont nous avons parlé plus haut. (Le rédacteur fait ici allusion au don extraordinaire de prophétie dont Maria-Anna fut favorisée, et qui lui montrait les événements futurs dans un soleil miraculeusement placé sous ses yeux.) Ce mystérieux soleil, image de la divine lumière, lui manifestait tous les événements heureux ou malheureux qui intéressaient l'Église; et plus d'une fois elle réussit, à force de souffrance, à écarter ou à atténuer les coups de la divine justice. Dieu même l'exhortait à s'immoler pour le salut de son peuple, et il se chargeait d'accomplir cette immolation. Durant sa vie entière il la retint sur la croix. Voici une légère esquisse de ce martyre de quarante ans, tracée par le confesseur d'Anna-Maria.

« La pieuse femme souffrait continuellement des maux de tête extraordinaires, qui augmentaient encore d'intensité le vendredi, surtout pendant les heures de la passion du Sauveur... Ses yeux étaient comme percés d'épines et ne pouvaient supporter sans de vives douleurs la lumière du jour. Ses oreilles souffraient d'un rhumatisme aigu, qui était presque continuel... Outre les privations volontaires qu'elle s'imposait dans l'usage de la nourriture..., elle avait constamment dans la bouche une amertume insupportable. Son odorat sentait d'une façon sensible l'infection horrible des péchés qui couvrent le monde : c'était un tourment intolérable. Ses pieds et ses mains souffraient... des douleurs violentes et aiguës; tout son corps était tourmenté. La pauvre femme fut atteinte d'une foule de maladies, telles que goutte, asthme, hernie, douleurs dans les jambes, surtout dans les dernières années de sa vie. Le prêtre qui demeurait chez elle m'a assuré que pendant ses accablantes agonies il allait voir de temps en temps comment elle se trouvait : la réponse était *souffrances de mort*. Il ajoutait : « Faisons la volonté de Dieu et disons : *Fiat voluntas tua.* » Ces paroles la ranimaient, et d'un air gai et serein, avec toute l'énergie dont elle était capable, elle répondait : *Sicut in cœlo et in terra.*

« Crucifiée sur son lit de douleur, elle était la joie et la consolation des autres, la paix et l'allégresse de ceux qui la voyaient, l'ardeur et le courage des affligés ; elle s'intéressait affectueusement à tout le monde avec une bienveillance inexprimable, oubliant ses propres souffrances ; toujours tranquille, gaie, courageuse ; toujours résignée en tout à la volonté de son divin époux. »

A ces douleurs du corps se joignaient souvent des douleurs de l'âme plus intolérables encore ; d'horribles tentations du démon, des persécutions injustes de la part des hommes, de véritables agonies durant lesquelles Dieu semblait l'abandonner. Anna-Maria endurait ces souffrances avec joie, et elle y en ajoutait un grand nombre de volontaires pour obtenir le triomphe de l'Église et la conversion de ses ennemis. Elle opposait surtout les efforts de son zèle et la ferveur de ses prières à l'infernale activité des sociétés secrètes, dont Dieu lui révélait les ténébreux complots. Écoutons son confesseur.

« Dès le retour de Pie VII, elle vit dans cette mystérieuse lumière les plans homicides des sociétés secrètes contre Rome, et particulièrement contre le haut clergé. Elle se rendit bien des fois à Saint-Paul pour épancher son cœur devant Dieu.

C'est surtout alors que son ardente charité la portait à intercéder par de ferventes et continuelles prières, et à s'offrir à sa divine justice comme victime de son bon plaisir. Ses prières à ce sujet furent si persévérantes et si ferventes que Dieu lui promit expressément que les plans des impies ne réussiraient jamais dans Rome ; que s'il leur laissait le champ libre pour agir, il les arrêterait toujours au moment où ils se croiraient sur le point de triompher ; mais que de son côté elle devait se disposer à satisfaire à sa justice en compensation de grâces aussi signalées. Aussi toutes les fois que les machinations des loges maçonniques furent déjouées, la servante de Dieu fut frappée de maladies mortelles, de persécutions, de misères, de calomnies et de terribles peines d'esprit. La pieuse femme ne se décourageait jamais ; dès qu'elle voyait reparaître dans le mystérieux soleil les plans déjoués, ourdis de nouveau..., elle rappelait au Seigneur sa promesse, sauf à payer ensuite le prix de ces grâces par de nouvelles souffrances. Ce phénomène dura toute sa vie. Que l'Église est redevable aux prières et aux pénitences de cette pieuse femme ! Que ne lui doit pas la ville de Rome en particulier ! »

Anna-Maria a prédit également l'élection de Pie IX et les épreuves dont cet admirable Pontife a été abreuvé. Mais elle a annoncé de la manière la plus distincte et la plus affirmative que ces tribulations seraient suivies d'un grand triomphe.

« Elle parlait souvent au prêtre son confident de la persécution que l'Église devait traverser, et de la malheureuse époque où l'on verrait une foule de gens que l'on croyait estimables se démasquer. Elle demanda quelquefois à Dieu quels seraient ceux qui résisteraient à cette terrible épreuve. Il lui fut répondu : « Ceux auxquels j'accorderai l'humilité. » C'est pourquoi Anna-Maria établit dans sa famille l'usage de réciter après le Rosaire du soir, trois *Pater, Ave, Gloria Patri*, à la sainte Trinité, pour obtenir qu'elle daignât, par sa miséricorde et sa bonté infinie, mitiger le fléau que sa justice réservait à ces temps malheureux. Ce fléau lui avait été manifesté à plusieurs reprises dans le mystérieux soleil. Il plut à Dieu de lui révéler aussi que l'Église, après avoir traversé plusieurs douloureuses épreuves, remporterait un triomphe si éclatant, que les hommes en seraient stupéfaits, que des *nations entières* retourneraient à l'unité de l'Église romaine, et que la terre changerait de face (1). »

(1) Voir la *Vie* de cette vénérable servante de Dieu, par le R. P. Bouffier, de la Compagnie de Jésus (un volume in-12; Paris, Ambroise Bray). — Voir le *Messager du Sacré-Cœur*, novembre 1865. Cet intéressant et pieux journal a pour but de faire connaître et de propager de plus en plus la dévotion au

Telle fut Maria-Anna Taïgi, véritable victime de choix, bien digne de figurer au nombre des victimes spéciales, dont nous nous réservons de parler dans un des chapitres suivants.

Nous lisons d'une autre femme de Burgos, en Espagne, qu'elle avait eu beaucoup et pendant longtemps à souffrir de la part de son mari, homme brutal et sans religion, des traitements d'une cruauté inouïe et qu'elle les avait supportés avec une patience héroïque. Après quarante ans de mariage ce méchant homme, puni comme il le méritait, fut attaqué par une maladie cruelle. Sa pieuse femme redoubla de soins et se dévoua pour lui. Ayant reconnu que le mal était mortel, elle décida le malade à recevoir les derniers sacrements. Lorsqu'il eut perdu la parole, elle ne cessa de se tenir auprès de lui, le consolant, l'exhortant, l'encourageant, lui rendant jusqu'à son dernier soupir les services de la charité la plus dévouée et la plus tendre. Cette sainte femme n'eut pas à se repentir de sa longue patience ni des soins prodi-

---

sacré Cœur de Jésus et l'apostolat de la prière. Il paraît chaque mois par livraison de soixante pages environ (format in-12). La prise d'abonnement est de 3 francs par an, franc de port pour toute la France. On s'abonne à Vals, près le Puy (Haute-Loire), chez le Directeur du *Messager du Sacré-Cœur de Jésus*. Nous invitons nos lecteurs à s'abonner à ce journal, s'ils ne l'ont déjà fait, et à le propager autant qu'il leur sera possible.

gués par elle à cet homme ingrat qui les méritait si peu. En effet, après la mort de ce dernier, sainte Thérèse, ayant appris par révélation qu'il était sauvé, annonça à cette sainte veuve que par son héroïque patience elle avait gagné l'âme de son mari. Il est facile de comprendre quelle fut sa joie à cette heureuse nouvelle, et les vives actions de grâces qu'elle en rendit au Seigneur. Telle est la merveilleuse efficacité et la divine mission de la souffrance au sein de la famille.

CHAPITRE QUINZIÈME

L'APOSTOLAT DE LA SOUFFRANCE PARMI LES PRÊTRES
ET DANS LES PAROISSES.

Quoique la principale fonction du prêtre soit celle de *sacrificateur*, la sainte victime qu'il tient chaque jour entre ses mains consacrées lui dit assez qu'il doit être *victime* avec elle pour le salut du peuple. Et quoiqu'il ne soit pas tenu au même titre que le religieux, comme nous le dirons bientôt, à une mortification aussi rigoureuse, il n'en est pas moins vrai que sa vie doit être une vie de sacrifice, et à ce point de vue une continuation du sacrifice du Sauveur Jésus. Le simple fidèle, par cela seul qu'il est membre de Jésus-Christ, doit marcher à sa suite sur la voie du Calvaire; à combien plus forte raison le prêtre y est-il tenu, puisqu'en sa qualité de prêtre il doit ressembler davantage à Jésus-Christ, prêtre et victime tout ensemble, et donner aux fidèles confiés à ses soins l'exemple de toutes les vertus, et en particulier de l'abnégation chrétienne tant recommandée par Notre-Seigneur.

Ici vient se placer tout naturellement l'oracle plusieurs fois cité : *Christum oportuit pati*. Il a fallu que le Christ souffrît pour sauver les hommes. Et le Christ a souffert, et, grâce à ses souffrances, tout enfant d'Adam peut désormais prétendre au salut éternel. Or, nous l'avons également démontré en parlant de la mission divine de la souffrance, dans les hommes apostoliques de tous les temps, il n'en est pas un seul qui n'ait uni à l'apostolat de *la parole* et aux diverses fonctions du ministère apostolique l'*apostolat de la souffrance*, c'est-à-dire, qui n'ait fécondé de ses sueurs, de ses mortifications, de ses souffrances, de ses épreuves de mille sortes, la semence de la parole évangélique qu'il répandait dans les cœurs. Et ce n'est qu'à ce prix, c'est-à-dire au prix d'innombrables fatigues et de continuelles privations, que ces hommes de Dieu, envoyés par lui pour étendre et cultiver sa vigne, sont parvenus à établir notre sainte religion dans les diverses contrées du monde. Ah! si le laboureur qui sème le grain de froment dans la terre ne peut espérer de l'y voir germer qu'après avoir lui-même versé la sueur de son front dans chacun des sillons qu'avec la charrue il creuse péniblement, combien plus ne faudra-t-il pas que le ministre de Celui qui, tout Dieu qu'il était, a dû arroser de son sang la terre aride de nos cœurs pour lui faire porter des fruits de vie éternelle, arrose à son tour de ses sueurs chacun des sillons qu'il creuse dans les âmes, pour que la semence de la parole évangélique qu'il leur confie porte des fruits de salut et de vie éternelle?

Et ici laissons parler saint Paul, ce modèle achevé du saint évêque, du saint prêtre, en un mot, du vrai ministre de Jésus-Christ. En lui nous verrons *le prêtre et la victime* marcher ensemble et d'un pas égal ; en lui nous verrons unis, dans une admirable alliance, le zèle brûlant de *l'apôtre de la parole évangélique* et l'héroïque abnégation de *l'apôtre de la souffrance*. Qui plus que saint Paul a prêché, évangélisé les peuples? Il est par excellence *l'apôtre des nations*. Qui plus que saint Paul a été dans les travaux, dans les tribulations, dans les persécutions de toute sorte? Qui plus que saint Paul, parmi les hommes apostoliques de tous les temps, a été victime avec Jésus crucifié, sujet unique de ses prédications, mais en même temps objet unique de son imitation? *Jesum Christum, et hunc crucifixum*. Mais écoutons-le lui-même nous dire tout ce qu'il a souffert pour féconder son apostolat et pour être le digne ministre de Jésus crucifié : *Ministri Christi sunt*, dit-il en parlant des autres apôtres,..... *plus ego ; in laboribus plurimum, in carceribus abundantius; in plagis supra modum, in mortibus frequenter. A Judæis quinquies quadragenas una minus accepi. Ter virgis cæsus sum, semel lapidatus sum, ter naufragium feci, nocte et die in profundo maris fui. In itineribus sæpe, periculis fluminum, periculis latronum, periculis ex genere, periculis ex gentibus, periculis in civitate, periculis in solitudine, periculis in mari, periculis in falsis fratribus. In labore et ærumna, in vigiliis multis, in fame et siti, in jejuniis multis, in frigore et nuditate. Præter illa quæ extrinsecus sunt, instantia mea quotidiana, sollicitudo omnium ecclesiarum.* (II Cor., XI, 23.) Nous ne traduisons pas ce texte; nous parlons à ses prêtres : ils le comprendront. En résumé, il signifie que saint Paul, *apôtre de Jésus-Christ*, a été en même temps *victime avec Jésus-Christ*, c'est-à-dire, qu'il n'a pas moins été *apôtre de la souffrance* que de la parole évangélique, sa vie apostolique ayant été, comme celle de son maître, une croix et un martyre continuels. *Tota vita Christi crux fuit et martyrium*. Quelle grande leçon, quel admirable exemple, quel sublime modèle pour nous tous prêtres de Jésus-Christ!

Oui, soyons les dignes imitateurs de saint Paul, comme il le fut de Jésus-Christ. C'est lui-même qui nous en fait la recommandation dans sa première épître aux Corinthiens : *Imitatores mei estote, sicut et ego Christi.* (I Cor., VI, 16.) Oui, ô grand apôtre, nous serons vos imitateurs. Aidez-nous à marcher jusqu'à la mort sur vos généreuses traces. Ayant tous les jours comme vous l'insigne honneur de monter à l'autel pour y offrir la sainte victime, nous nous préparerons à cet honneur de tous les jours par un sacrifice de tous les jours; vivant habituellement d'une vie vraiment sacerdotale, c'est-à-dire humble, laborieuse, mortifiée. Appelés comme vous à prêcher aux nations Jésus crucifié, nous porterons sa croix dans nos cœurs et dans nos membres, non moins que sur nos lèvres et dans nos discours, joignant ainsi, comme vous, pour l'édification du peuple chrétien, l'exemple à la parole.

Oh! oui, assurément il est juste qu'il en soit ainsi. Dieu le veut, la sainteté de notre caractère le demande, le succès de notre ministère l'exige, les peuples s'y attendent surtout en ces temps de calamités où tant d'âmes se perdent, et où l'office du prêtre est presque autant un office de *victime* que de *docteur* et de *sacrificateur* : *Inter vestibulum et altare plorabunt sacerdotes.* Et quand donc le prêtre, ministre de Jésus-Christ, eut-il plus que de nos jours à gémir entre le vestibule et l'autel?

O Jésus, prêtre et victime par excellence, vous avez daigné nous associer à votre sacerdoce : daignez nous associer à votre sacrifice. Malgré notre indignité, vous nous avez faits vos *prêtres*; faites-nous aussi vos *victimes*. Immolez-nous avec vous, qui vous immolez chaque jour pour nous entre nos mains. Puisse notre holocauste, uni au vôtre, obtenir grâce pour cette infortunée génération ! Nous vous l'offrons tous ensemble à cette fin, pour votre gloire, pour le triomphe de la sainte Église, notre mère, pour le salut éternel des âmes, particulièrement de celles que vous avez confiées à nos soins.

Saint Clément pape, expliquant ce texte de la sainte Écriture : *Et iniquitates eorum ipse portabit.* (Is., LIII,) « Il portera leurs iniquités, » s'adresse aux pasteurs des âmes et leur dit : « Vous êtes médiateurs entre Dieu et les fidèles confiés à votre garde. Imitez donc Jésus-Christ Notre-Seigneur, médiateur par excellence; et puisque, innocent et sans tache, il a porté sur la croix les péchés de nous tous qui étions dignes de ce supplice, ainsi devez-vous regarder comme vôtres les péchés du peuple. » Or, il est dit encore de notre Sauveur dans Isaïe : *Hic peccata nostra portat, et pro nobis dolet.* La conclusion est facile à tirer : Donc, pasteurs des âmes, portez sur vous les péchés de votre peuple et souffrez pour leur expiation. Lorsque la grêle tombe sur un champ, elle ne tombe pas sur l'autre. Un saint pasteur qui s'offre en victime pour ses ouailles, attire sur lui des souffrances, des croix, peut-être la mort; mais il écarte de son troupeau les fléaux de la divine vengeance, et surtout la mort éternelle. L'immortel archevêque de Paris, Mᵍʳ Affre, donnant, à l'exemple du bon pasteur, sa vie pour son troupeau, s'offre et meurt en victime sur les barricades, et aussitôt le torrent de l'émeute rentre dans son lit. Oh! bienheureux le prêtre qui goûte par le cœur cette pensée du sacrifice, qui, chaque fois qu'il célèbre la sainte messe, a soin, comme le recommande l'auteur de l'*Imitation*, de s'offrir en holocauste avec la sainte victime pour les âmes confiées à ses soins: *Beatus qui se Domino in holocaustum offert quoties celebrat aut communicat.* (Imit., l. IV, c. 10.) Mais plus heureux encore le prêtre qui, faisant ainsi l'offrande quotidienne de lui-même avec Jésus-Christ, la met chaque jour en pratique et la réalise par une vie humble et mortifiée! En lui s'accomplira la promesse de l'Esprit-Saint exprimée par le prophète Isaïe: « S'il donne sa vie pour les péchés des hommes, il verra une longue postérité. » *Si posuerit pro peccato animam suam, videbit semen longævum.* Cet oracle, qui s'applique directement à Jésus-Christ, victime pour toute l'humanité, s'applique aussi au prêtre, victime pour son troupeau.

Le prêtre a mille occasions de réaliser cette vie de sacrifice. Sans parler des maladies, des infirmités et autres misères humaines, qui lui sont communes avec tous les enfants d'Adam, et dans lesquelles Dieu lui fournit l'occasion d'exercer la patience, ne trouve-t-il pas dans ses ministères de tous les jours, s'il veut les accomplir fidèlement, une ample matière d'abnégation? Pour ne mentionner ici qu'un ou deux de ces ministères, la visite des malades, l'assistance des moribonds à toutes les heures du jour et de la nuit, n'est-elle pas pour lui la matière d'un sacrifice souvent réitéré, toujours méritoire, s'il s'en acquitte comme il convient, et très-salutaire à ce pauvre malade, à ce pauvre agonisant, qui devra peut-être la grâce de sa conversion *in extremis,* et, par conséquent, son salut éternel à la visite de ce bon prêtre, dont Dieu se plaît à récompenser ainsi le zèle généreux et empressé. Qui sait ce qui serait advenu à cette pauvre âme, si, cédant à la nonchalance, et fuyant la peine attachée à une visite assidue, le prêtre eût retardé l'accomplissement de ce grave devoir de son ministère, ou, après l'avoir accompli une fois, eût abandonné son malade à lui-même, en se disant : « Je l'ai administré ! » Parole funeste dans bien des cas où la maladie se prolonge, et où le démon profite de l'absence du prêtre pour administrer à son tour le moribond à sa manière !

Et la prédication, n'est-elle pas aussi pour le prêtre une ample matière de sacrifice qu'il peut utiliser très-efficacement pour le salut des âmes? Le travail sérieux de préparation d'un sermon, d'une retraite, d'un catéchisme, n'est-il pas un sacrifice très-utile aux âmes à qui ce sermon, cette instruction sera adressée, ce catéchisme enseigné? Ces efforts généreux que vous faites, pasteurs zélés, prêtres fervents, pour préparer à ces enfants de Dieu, qui sont aussi les vôtres, le pain de la parole évangélique, ne sont-ils pas autant de gouttes de sueur en retour desquelles Jésus vous donnera autant de gouttes de son sang pour féconder votre parole et lui faire porter des fruits au centuple? Aucun bon prêtre ne l'ignore, une prédication est d'autant plus propre, toutes choses égales d'ailleurs, à porter du fruit dans les âmes, qu'elle a coûté plus de travail, qu'elle a été composée avec une intention plus pure, un désir plus ardent de procurer la gloire de Dieu et le salut du prochain. Si à cette croix de la préparation immédiate, le prêtre, ministre de la parole évangélique, joint la préparation lointaine, c'est-à-dire toute une vie d'humilité et d'abnégation, depuis les premiers jours de son séminaire jusqu'au moment présent, oh! alors sa parole est puissante et pénétrante comme un glaive à deux tranchants. Quand un homme apostolique réunit en lui la puissance de la parole et la puissance de la croix, on ne voit pas ce qui peut lui résister. Il est alors complétement revêtu de la puissance du Christ. Tel fut François-Xavier. Aussi, quel conquérant apostolique ! C'est lui qui s'écriait dans le zèle brûlant qui dévorait son cœur d'apôtre : « Seigneur, donnez-moi des âmes, oui, donnez-moi des âmes : » *Da mihi animas*. Mais c'est lui aussi qui, en même temps qu'il demandait des âmes, demandait aussi des croix : *Amplius, Domine, amplius*. Voilà le véritable apôtre, voilà le véritable ministre de Jésus-Christ.

Le prédicateur qui porte au peuple la parole du Rédempteur, et qui ne porte pas la croix sur sa personne, n'est pas un véritable prédicateur de l'Évangile. Sa parole peut être applaudie, son éloquence obtenir de brillants succès ; la multitude peut courir et se presser autour de sa chaire ; mais là se borne son action. Aucun fruit de conversion, aucun fruit de grâce et de salut n'est produit dans les âmes. Le prédicateur n'est pas uni à l'arbre de vie, c'est-à-dire à la croix, au crucifié : quel fruit voulez-vous qu'il produise pour la vie éternelle ? Et cependant ce n'est pas pour porter d'autre fruit que le Seigneur lui confie la mission d'apôtre, et qu'il lui a dit en l'envoyant : *Posui vos ut eatis, et fructum afferatis, et fructus vester maneat*.

Malheur au prédicateur qui, donnant à cet oracle du maître une interprétation mensongère, se prêche lui-même au lieu de prêcher, comme saint Paul, Jésus crucifié : *Jesum, et hunc crucifixum!* Le fruit qu'il produit dans les âmes, c'est un peu d'admiration pour son talent, mais nullement l'amour de Jésus-Christ et de sa doctrine sacrée. Nous le demandons avec effroi : quelle pensez-vous que sera au jour du jugement, en face du tribunal du Juge des vivants et des morts, la contenance de ce semeur de belles paroles, quand Jésus crucifié lui dira : « Qui as-tu prêché dans tes discours? Quel modèle as-tu imité dans ta vie? Quel fruit as-tu produit dans les âmes? Tu avais à prêcher Jésus crucifié, et tu t'es prêché toi-même; tu devais imiter dans ta vie Jésus crucifié, et tu as fui ma croix pour chercher en tout tes aises et tes satisfactions; je t'avais envoyé pour porter des fruits qui restent; regarde parmi mes élus : en reconnais-tu un seul qui soit un fruit de ta parole? Les fruits que tu as cherché à produire se sont desséchés comme toi. Tu n'es donc qu'une branche stérile, digne d'être jetée au feu. » Oh! malheur, mille fois malheur au prêtre, au prédicateur de la parole évangélique, au pasteur et au docteur des âmes, s'il entendait au dernier jour retentir à ses oreilles cette terrible parole du Fils de Dieu! Il vaudrait mieux pour lui n'avoir jamais reçu l'onction sacerdotale et être demeuré au rang des simples chrétiens. S'il était tombé, sa chute, du moins, aurait été moins éclatante, et on ne pourrait dire de lui : *Quomodo cecidisti de cœlo, Lucifer, qui mane oriebaris?*

Oui, oui, vénérés confrères, puisque c'est à vous maintenant que notre parole s'adresse, soyons *prêtres;* mais en même temps soyons *victimes* avec Jésus-Christ; et lorsque nous montons à l'autel, figurons-nous que nous montons au Calvaire; unissons notre sacrifice à celui de l'Agneau sans tache, et disons-lui, comme il le dit lui-même à son Père en entrant dans la vie : « Me voici, mon Père, immolez-moi : » *Ecce venio.* En présence des maux innombrables qui désolent l'Église, tout bon prêtre comprendra l'opportunité de cette volontaire immolation, et, à l'exemple de saint Paul s'offrant pour les Philippiens, il se fera un bonheur de s'offrir en sacrifice avec Jésus-Christ, pour le salut des âmes, surtout de celles qui sont confiées à sa garde : *Sed et si immolor supra sacrificium et obsequium fidei vestræ, gaudeo et congratulor omnibus vobis.* (Philip., XI, 17.) Tels étaient les sentiments du grand Apôtre; tels sont et seront toujours les sentiments du véritable prêtre de Jésus-Christ.

CHAPITRE SEIZIÈME

L'APOSTOLAT DE LA SOUFFRANCE DANS LES CORPORATIONS ET COMMUNAUTÉS RELIGIEUSES.

C'est ici surtout que doivent se rencontrer les vrais apôtres de la souffrance; c'est ici que cet apostolat, partout si fécond quand il est convenablement exercé, doit avoir sa fécondité la plus grande. Les religieux, en effet, les religieuses, par le fait même de leur profession, surtout au sein des ordres austères, se trouvent dans les conditions les plus parfaites pour réaliser cet apostolat. Les vœux qu'ils ont prononcés les constituent dans un perpétuel état d'holocauste qui est très-agréable à Dieu et qui attire ses bénédictions sur la terre. En effet, par son vœu de pauvreté, de chasteté et d'obéissance, le religieux est comme *un crucifié*. En l'obligeant à une vie de perpétuels sacrifices, ces trois vœux sont comme les trois clous qui le fixent irrévocablement à la croix et l'unissent étroitement à la grande victime du Calvaire. Par ces trois vœux substantiels de religion comme par autant de volontaires blessures, trois ruisseaux de sang jaillissent et s'écoulent, c'est-à-dire toute la vie sensuelle et terrestre du vieil homme s'en va pour faire place à la vie de l'homme nouveau, à une vie toute surnaturelle, toute divine en Jésus-Christ. Et si à ces trois vœux le religieux joint un vœu spécial selon la fin particulière de son institut, ce vœu est comme un quatrième clou ajouté aux trois premiers ; et la blessure qui en résulte est ordinairement la plus douloureuse et la plus sensible. C'est la blessure du cœur. C'est, en effet, par cet endroit que le religieux est mis le plus immédiatement en contact avec le sacrifice.

Ainsi, tout religieux qui a prononcé les trois vœux de religion, à plus forte raison s'il en a prononcé un quatrième et s'il appartient à un institut austère, est, par le fait même de sa vocation, rangé dans la catégorie des chrétiens que Notre-Seigneur a spécialement choisis pour les associer à son titre de *victime* et à son *sacrifice sanglant*. L'offrande que le religieux fait de lui même à Dieu par les vœux de religion est d'un si grand prix et d'un si grand mérite, que saint Jérôme, saint Cyprien et saint Bernard appellent ce sacrifice un *second baptême;* et que les théologiens affirment qu'on obtient par là une entière rémission de tous ses péchés. Il ne faut donc pas s'étonner que les saints comparent l'état de la vie religieuse au martyre. Tel est entre autres le sentiment de saint Bernard, qui ne craint pas de dire : « A la vérité, ce martyre a quelque chose de moins horrible que celui où le corps est déchiré par les tourments, mais il est plus pénible et plus fâcheux par sa durée. »

Pendant les trois premiers siècles de l'Église, la mission spéciale de perpétuer le sacrifice du Calvaire fut confiée par l'Homme-Dieu aux martyrs, qui répandirent en si grand nombre leur sang pour sa sainte cause et pour obtenir que les mérites de son sang fussent appliqués à toute l'humanité. Leurs vœux furent exaucés. Ce fut après que ces nobles légions de victimes volontaires eurent versé tout leur sang, que l'Église du Christ sortit des Catacombes et s'assit victorieuse sur le trône des empereurs romains, ses persécuteurs, pour continuer jusqu'à la fin des siècles son règne pacifique et universel sur les âmes. Mais lorsque les martyrs eurent accompli pour leur part cette mission sublime, Jésus-Christ chargea d'autres membres de son corps mystique de la continuer à leur tour. Car, de même que jusqu'à la fin des temps il doit y avoir sur nos autels un *sacrifice non sanglant* qui perpétue selon la promesse de l'Homme-Dieu sa présence au milieu de nous, ainsi doit-il y avoir jusqu'à la consommation des siècles des chrétiens, membres vivants de Jésus-Christ, spécialement chargés de continuer son *sacrifice sanglant*. C'est pour cette raison que le Fils de Dieu, dès que la persécution eut cessé, substitua aux martyrs des Catacombes les martyrs de la vie religieuse, surtout les martyrs des cloîtres, qui sont bien comme autant de catacombes sacrées. Dès cette époque, en effet, on vit surgir et s'organiser les grandes institutions monastiques, et s'inaugurer sur des proportions d'abord imperceptibles, mais qui devaient dans la suite prendre un accroissement merveilleux, le magnifique édifice, ou, si vous préférez, le grand arbre des ordres religieux, à la fois si admirable de variété et d'unité.

D'abord faible rejeton jaillissant de l'arbre de vie, c'est-à-dire du Christ crucifié et de ses plaies sanglantes, cette tige mystérieuse devait, en effet, devenir un grand arbre, étendre partout ses rameaux, et perpétuant, s'il est permis d'ainsi parler, la fonction du bois sacré auquel fut attachée la sainte victime du Calvaire, servir à son tour de croix aux innombrables victimes volontaires qui devaient dans le cours des siècles y être crucifiées avec Jésus-Christ. A cette époque mémorable, alors que le sang des martyrs fumait encore dans les amphithéâtres, apparurent donc pour la première fois ces martyrs d'un genre nouveau, qui sous une autre forme devaient perpétuer le sacrifice des premiers, et par conséquent le sacrifice du Fils de Dieu, dont les martyrs des Catacombes n'avaient été eux-mêmes que les continuateurs.

Depuis saint Paul et saint Antoine, ces deux illustres colonnes de la vie érémitique, depuis ces saintes troupes d'anachorètes qui peuplèrent les déserts de l'Égypte et de la Thébaïde jusqu'aux grandes fondations religieuses du moyen âge et aux plus récents instituts des temps modernes, comptez, si vous le pouvez, le nombre des religieux et des religieuses qui, durant la longue série des siècles chrétiens, se sont mis à la suite de Jésus crucifié, ont reproduit dans leur personne, par une vie laborieuse et mortifiée, les traits sanglants de l'Homme-Dieu, s'immolant avec lui pour le salut de leurs frères; et alors vous comprendrez que c'est par un dessein arrêté d'avance et dont l'exécution se rattache à l'économie générale de la rédemption, que le Fils de Dieu a voulu spécialement confier aux membres des corporations religieuses son titre et sa fonction de *victime*, comme il a voulu spécialement communiquer aux prêtres son titre et sa fonction de *sacrificateur*.

C'est ainsi que Jésus, vigne mystérieuse, puise

en lui-même, comme en un tronc divin, la séve vivifiante, pour alimenter toutes les branches qui lui sont unies. C'est ainsi qu'en chacune d'elles il s'applique à retracer quelques-uns de ses traits divins, quelques-unes de ses divines fonctions. Comme Jésus est la parfaite image du Père, il faut que les membres de Jésus soient la parfaite image du Fils; il faut que la vie divine du tronc se distribue dans les branches, de telle sorte que, tout en conservant sa plénitude de vie et de fonctions divines, Jésus se reproduise tout entier dans ses membres, distribuant à tous une participation plus ou moins abondante de sa vie divine, et à un certain nombre une participation plus ou moins spéciale à ses divines fonctions. Il importe, en effet, de bien distinguer en Jésus-Christ ces deux choses. Tous les chrétiens, par cela même qu'ils sont membres du Sauveur Jésus, participent plus ou moins à sa vie divine; mais tous ne participent pas également à ses divines fonctions.

Les deux grandes fonctions de l'Homme-Dieu, auxquelles toutes les autres se rapportent, sont celles de *sacrificateur* et de *victime*. Il n'y a que les prêtres qui soient mis en participation spéciale de son titre et de sa fonction de *sacrificateur* pour le salut du monde; et ce sont les religieux qui, pour la même fin, sont mis spécialement en participation de son titre et de sa fonction de *victime*.

Sans doute, chaque fidèle faisant partie de la nation choisie, que l'apôtre saint Pierre appelle un sacerdoce royal, *regale sacerdotium*, participe d'une certaine manière au sacerdoce de Jésus-Christ ; mais ce n'est pas à titre spécial comme le prêtre catholique, lequel non-seulement est uni par ce lien général au Grand Prêtre de la loi nouvelle, mais encore à un titre et par un lien particulier qui est celui du *caractère sacerdotal* et de toutes les prérogatives qui s'y rattachent. Il en est de même de l'immolation de Jésus-Christ ou de sa fonction de victime. Chaque fidèle est admis ou peut être admis à y participer dans une certaine mesure pour le salut de ses frères ; mais tous ne sont pas admis au bienfait de cette participation à un titre particulier comme les religieux et religieuses, qui ont reçu de Notre-Seigneur la mission spéciale, et pour ainsi dire officielle, de perpétuer sur la terre son titre et sa fonction de victime pour le salut du monde. C'est pour cette fin que Notre-Seigneur les sépare de la masse commune, se les unit et les fait siens par cette consécration spéciale, c'est-à-dire par le triple lien des vœux de religion, qui font du religieux un homme exclusivement *consacré* à Jésus crucifié et aux intérêts de sa gloire.

Nous ne voulons pas dire que Notre-Seigneur ne choisisse aussi dans le monde des âmes ferventes pour les associer spécialement à son titre et à sa fonction de victime pour le salut du monde. De ces victimes cachées que le Fils de Dieu daigne associer à son sacrifice pour le bien de son Église et des nations, il y en a eu toujours, et il s'en rencontre maintenant peut-être plus que jamais. Mais quelque réelle que soit la mission de ces saintes âmes associées pour le salut des peuples à la sainte victime du Calvaire, cette mission demeure revêtue d'un caractère privé; et à moins qu'elle ne se rencontre dans des âmes spécialement privilégiées, elle est ordinairement plus restreinte dans la sphère de son influence. Les religieux et religieuses, au contraire, par le fait même de leur profession, c'est-à-dire de leur consécration à une vie de sacrifice, sont officiellement et publiquement investis du titre et de la mission de victime, destinés à perpétuer dans leur personne le sacrifice de l'Homme-Dieu. Leurs vœux, leurs règles, leurs observances fournissent à chacun d'eux mille moyens très-efficaces d'accomplir parfaitement cette grande mission selon la mesure de la grâce, qui leur est à cette fin largement distribuée chaque jour.

Il n'est pas jusqu'à leur vêtement qui ne leur prêche le sacrifice, en leur rappelant sans cesse qu'ils ne sont plus du monde, mais qu'ils appartiennent tout entiers à Jésus-Christ. C'est ainsi que les fondateurs ont compris leur institut. L'un d'eux, dans la formule abrégée des constitutions de son ordre, déclare formellement que tous ses religieux doivent être des hommes crucifiés au monde et pour qui le monde est crucifié. *Homines mundo crucifixos, et quibus mundus sit crucifixus.* Faut-il s'étonner qu'avec tous ces moyens le religieux qui correspond fidèlement à la grâce de sa vocation soit, toutes choses égales d'ailleurs, ordinairement plus apte à seconder les desseins miséricordieux du Seigneur dans cette voie du sacrifice, où tout religieux doit porter sa croix après lui?

Ajoutons, pour compléter ce chapitre, que, selon la fin spéciale qu'il se propose et selon le plus ou moins d'austérité de la règle, chaque institut religieux participe dans une mesure plus ou moins large à la mission expiatrice de l'Homme-Dieu, à son titre et à sa fonction de victime pour le salut du monde. Il existe, en effet, des corporations religieuses dont la fin spéciale est l'exercice du ministère évangélique auprès des peuples, l'éducation de la jeunesse, le soin des malades..... D'autres s'adonnent d'une manière plus spéciale à la pratique assidue de la prière, des austérités et de la plus sévère pénitence. Chacun d'eux trouve dans l'exercice de ces pénibles fonctions, dans le fidèle accomplissement des vœux, des règles et observances la matière de sacrifices plus ou moins nombreux, et par conséquent une participation plus ou moins grande au sacrifice de Jésus-Christ et à sa qualité de victime. Enfin, s'il se rencontre quelque institut qui fasse profession particulière et vœu spécial de s'immoler et de souffrir pour le salut des âmes, les religieux de cet institut, s'ils sont fidèles à leur vocation, portent à un haut degré devant Dieu le titre de victimes, et accomplissent dans une large mesure leur part d'immolation en union avec Jésus-Christ pour le salut des peuples.

Concluons que la vocation des religieux et religieuses, à quelque ordre qu'ils appartiennent, est une vocation excellente, toute divine, puisqu'elle les associe si intimement à Jésus-Christ dans l'exercice même de son sacrifice sanglant, c'est-à-dire de son immolation sur le Calvaire pour le salut du genre humain. Concluons enfin que plus la grâce de leur vocation est insigne, plus ils doivent apporter de fidélité à y correspondre par une vie très-pure, très-mortifiée, profondément humble, et par un grand amour de la croix. Plus les dons que Dieu accorde à une âme sont précieux, et plus sera rigoureux le compte qu'elle devra en rendre au souverain Juge. Que l'excellence des faveurs dont l'infinie libéralité de notre Père des cieux nous comble dans la vie religieuse, ne nous fasse jamais oublier cette grave maxime de saint Grégoire, ni surtout l'oracle de Notre-Seigneur lui-même, dont cette maxime n'est que l'explication : *On demandera davantage à celui à qui on aura plus donné : Cui plus datum est plus repetetur ab eo.*

CHAPITRE DIX-SEPTIÈME

L'APOSTOLAT DE LA SOUFFRANCE DANS LES CORPORATIONS ET COMMUNAUTÉS RELIGIEUSES PUREMENT CONTEMPLATIVES.

Si l'apostolat de la souffrance doit être en honneur dans les maisons religieuses en général, à combien plus forte raison doit-il l'être dans celles où l'on fait profession spéciale et en quelque sorte exclusive de prier et de souffrir pour la gloire de Dieu et le salut des âmes, nous voulons dire dans les corporations religieuses vouées aux exercices de la vie contemplative, telles que les Trappistes, les Carmélites, les Clarisses, les religieuses du Cœur agonisant de Jésus, etc. ?... Mais reprenons les choses d'un peu plus haut, afin de faire comprendre les immenses services que ces sortes de corporations sont appelées à rendre à l'Église et aux âmes par leurs prières et leurs sacrifices unis aux prières et aux souffrances de Jésus-Christ.

L'esprit moderne, qui est éminemment un

esprit anticatholique, antisurnaturel, antidivin, poursuit de son mépris et de sa haine tous les ordres religieux, mais surtout ceux où l'on s'adonne spécialement aux exercices de la vie contemplative. A tout prix il cherche à s'en débarrasser comme d'une superfétation inutile. Hélas! même parmi certains catholiques il s'en rencontre qui, s'imprégnant de ces funestes préventions, se prennent à dire : « A quoi bon des ordres religieux? A quoi bon surtout des cloîtres, où l'on va s'enfermer pour y mener une vie inutile, dans un siècle où tous les bras doivent être libres pour l'action, où il y a tant de malades à visiter, tant de pauvres à soulager, tant de mauvais chrétiens à convertir, tant d'infidèles à évangéliser. » Ah! sans doute, vous dites vrai, il y a étrangement à faire autour de nous en faveur des âmes et des corps, beaucoup plus que vous ne sauriez le dire. Et n'est-ce pas une raison de plus pour qu'aucun moyen ne soit négligé, afin de venir en aide aux innombrables nécessités de ce siècle, où les âmes vont se pervertissant et se perdant chaque jour avec une facilité effrayante! Or, qui oserait mettre en question, sans renoncer par ce doute coupable aux principes les plus élémentaires de la foi, qu'un des plus puissants moyens mis à la disposition de l'homme pour revenir à Dieu et pour y ramener les autres, c'est *la prière* et *le sacrifice*? Notre divin Rédempteur n'a jamais séparé ces deux grandes choses. Il n'a pas toujours été en exercice de prédication, il a toujours été en exercice de prière et de sacrifice pour le salut du genre humain. Toujours *suppliant*, il a réalisé dans sa personne le précepte tombé de ses lèvres divines : Il faut toujours prier, et ne jamais cesser : *Oportet semper orare, et non deficere*. Toujours *victime*, il a accompli dans sa personne la figure du sacrifice perpétuel en usage chez les Hébreux, et qui était le symbole du perpétuel holocauste qu'il devait lui-même offrir à son Père pour notre rédemption.

La vie mortelle de Jésus-Christ sur la terre a été, comme nous l'avons déjà dit après le pieux auteur de l'*Imitation*, *une croix et un martyre continuels*. C'est aussi le sentiment de saint Augustin quand il dit : « Jésus-Christ n'a pas attendu les derniers instants de sa vie pour commencer l'œuvre de notre réparation, il y a mis la main dès son berceau. » Et la raison qu'en donne le saint docteur est un témoignage de plus en faveur de l'apostolat de la souffrance. « Il ne convenait pas, ajoute-t-il, que le Sauveur du monde demeurât un seul moment sans en remplir les fonctions. De son côté, saint Paul nous apprend que pour mériter ce titre et attirer sur les hommes coupables la grâce du pardon, le Fils de Dieu a dû souffrir. C'est pour cette raison, dit encore le même apôtre, que dès son entrée dans le monde Jésus-Christ a fait à son Père le sacrifice entier de lui-même et lui a dit : « Mon Père, puisque le sang des boucs et des taureaux, versé pour les péchés des hommes, n'est point capable de satisfaire votre justice, me voici, immolez-moi : *Ecce venio.*

Ainsi, des trente-trois ans de sa vie mortelle Notre-Seigneur en a consacré *trois* à *prêcher* son Évangile, et *trente-trois*, c'est-à-dire *toute sa vie, à prier* et à *souffrir* pour nous sauver. Oserait-on dire par hasard qu'il aurait mieux fait d'employer ces trente-trois années aux exercices de la vie active, vu qu'alors encore plus qu'aujourd'hui il y avait des pauvres à soulager, des esclaves à délivrer, des païens sans nombre à convertir? Sage d'une sagesse qui n'est pas celle des prétendus sages du siècle, il a jugé à propos et plus avantageux d'agir autrement, et le monde a été sauvé.

Après sa mort, le divin Rédempteur, fidèle à son premier plan, n'emploiera pas, pour faire aux hommes l'application des mérites de son sang, une autre méthode que celle qu'il a suivie pour les racheter. Il faudra que l'Église, chargée tout à la fois de perpétuer son apostolat divin et d'en recueillir les fruits, reproduise dans des proportions analogues le triple élément qu'il a employé dans l'œuvre de notre régénération, savoir : la *prière, l'enseignement et le sang versé.* C'est pourquoi, tout en se dévouant avec une infatigable persévérance à l'enseignement des peuples par la prédication de l'Évangile, l'Église, fidèle à l'exemple de son divin Auteur, fera à la prière et au sacrifice pour le salut des âmes la plus large part. Autant qu'il est en elle, elle accomplira le précepte de la prière continuelle et du sacrifice perpétuel, par l'offrande quotidienne du saint sacrifice de la messe, qui est à la fois et un holocauste et une prière présentés chaque jour à Dieu par des milliers de prêtres sans aucune interruption. En effet, à toutes les heures du jour et de la nuit il y a sur mille points du globe des autels dressés, devant ces autels des prêtres debout, et sur ces autels, entre les mains de ces prêtres, la sainte victime qui prie et qui s'immole, c'est-à-dire, qui s'élève en croix, qui meurt mystiquement, répand son sang sur le peuple, ce sang qui crie plus haut que celui d'Abel. Et remarquez que, comme Jésus-Christ, chef divin de l'Église, veut que ses membres, c'est-à-dire les chrétiens, perpétuent avec lui sa vie suppliante en s'unissant à sa prière eucharistique, ainsi veut-il que ces mêmes chrétiens continuent sa vie souffrante, et par conséquent son sacrifice, en unissant leurs souffrances aux siennes et en venant les vivifier dans son sacrifice eucharistique. Et c'est ainsi que tous les jours et à tous les instants du jour le Fils de Dieu donne à son Église et à chacun de ses membres, et le signal de la prière continuelle et le signal du sacrifice perpétuel, associant à sa prière et à son sacrifice et ses ministres et ses enfants.

De là vient que lorsque le prêtre catholique monte à l'autel pour y offrir à Dieu le Père et le sang et la prière de l'Agneau, avant d'offrir la sainte victime il doit prier, et après l'avoir offerte il prie encore ; et le simple fidèle qui assiste au saint sacrifice doit, de son côté, prier avec le prêtre qui prie en Jésus-Christ et par Jésus-Christ. De telle sorte que la sainte messe est tout à la fois et le sacrifice par excellence et la prière par excellence de Jésus-Christ, et en lui et par lui de son Église, de ses prêtres et des fidèles, ses enfants. Nous ne parlons pas des autres fonctions du culte public ou privé, lesquelles sont comme l'extension de la prière eucharistique, à laquelle elles viennent se rattacher comme à leur centre, et d'où elles se détachent tout en lui restant unies, comme les rayons se détachent du soleil.

De cette considération que faut-il conclure ? Premièrement, qu'aux yeux de Jésus-Christ et de son Église la prière entre et doit entrer pour une très-large part dans la régénération du chrétien, dans l'entretien et dans le développement de sa vie surnaturelle. Secondement, que les corporations religieuses, où l'on fait de la prière une profession spéciale, où on lui consacre chaque jour un temps relativement considérable, sont des institutions parfaitement en harmonie avec le plan de régénération que Jésus-Christ lui-même a tracé et réalisé. Troisièmement enfin, qu'il n'y a pas moins à espérer pour le bien de l'Église et le salut des âmes de ces institutions où l'on fait profession spéciale de *prier*, que de celles où l'on fait profession particulière d'*agir*.

A cette considération s'en ajoute une seconde non moins digne de fixer votre attention, cher lecteur. C'est que Notre-Seigneur veut que ses membres non-seulement perpétuent sa prière à travers les siècles en priant eux-mêmes à leur tour avec lui, mais encore qu'ils continuent, et, comme le dit saint Paul, qu'ils achèvent sa Passion en souffrant réellement avec lui. Ainsi, ce n'est point assez que les fidèles s'associent aux souffrances de Jésus-Christ de la manière que nous venons de dire, c'est-à-dire en assistant au sacrifice non sanglant de l'Eucharistie, en s'unissant à ses fins, en s'en appliquant la vertu. S'ils se bornaient à cette participation, pourrait-on dire qu'ils perpétuent dans leur personne par leurs réelles et propres souffrances la Passion de l'Homme-Dieu? Et cependant c'est par leurs souffrances personnelles endurées en union avec Jésus-Christ, qu'ils doivent en perpétuer et en achever le sacrifice sanglant.

Or, nous le demandons, cette intention du divin Maître de perpétuer sa vie souffrante dans ses membres n'est-elle pas frustrée et comptée pour rien dans le plus grand nombre de cas, surtout quand il s'agit de souffrir pour le salut des autres? Retranchez le nombre, hélas! si grand des chrétiens en état de péché mortel, en qui Notre-Seigneur ne perpétue point son sacrifice, puisque tant qu'ils demeurent en cet état ils ne sont pas ses membres vivants. Retranchez ensuite cette masse de chrétiens qui, sans être en état de péché mortel, n'acceptent la souffrance que parce qu'ils ne peuvent faire autrement, c'est-à-dire par force et sans aucune intention surnaturelle, que reste-t-il? Deux classes de fidèles, membres vivants de Jésus-Christ, qui perpétuent au moins pour eux-mêmes le sacrifice de leur divin Chef. La première classe est celle des chrétiens, animés d'un véritable esprit de foi, qui dans le monde ou ailleurs acceptent avec résignation et patience les souffrances que Dieu leur envoie, mais sans s'élever ordinairement aux sentiments plus généreux des âmes saintes et ferventes qui souffrent non-seulement avec soumission, mais par dévouement, pour faire plaisir à Dieu et à son aimable Fils Jésus. Or, il est évident que, tout en perpétuant son sacrifice dans cette classe de chrétiens, notre Sauveur ne le perpétue que d'une manière très-imparfaite, ces sortes de chrétiens ne songeant guère à utiliser leurs souffrances pour les autres, c'est-à-dire à les supporter avec une intention apostolique pour leur obtenir des grâces de conversion et de salut.

La seconde classe est celle des chrétiens fervents qui, dans le monde ou ailleurs, brûlant du feu de la divine charité, ne se contentent pas de souffrir avec un simple sentiment de résignation et pour eux-mêmes, mais, s'élevant jusqu'au motif de l'amour et du dévouement le plus pur, s'estiment heureux comme les apôtres de souffrir et d'être humiliés pour le saint nom de Jésus et pour lui gagner des âmes. Tel fut saint Paul, cet ardent disciple de la croix qui s'écriait sous l'action du feu divin qui consumait son âme : « Loin de moi de me glorifier en autre chose qu'en la croix de Notre-Seigneur Jésus-Christ : » *Absit mihi gloriari nisi in cruce Domini nostri Jesu Christi;* Saint Paul, qui aurait volontiers consenti, pour sauver ses frères, à devenir anathème pour eux : *Cupiebam anathema esse a fratribus meis.* Tels furent les saints de tous les siècles qui, marchant sur les traces du grand Apôtre, soupirèrent de tout leur cœur après la croix et les humiliations du Sauveur. Tel est encore le petit nombre d'âmes généreuses qui, s'inspirant des nobles sentiments qui animèrent en tout temps les vrais amis de Dieu, mettent leur joie à souffrir et à être humilés avec Jésus et pour Jésus, trop heureuses de pouvoir à ce prix lui gagner des âmes.

Mais ne pensez-vous pas comme nous, pieux lecteur, que le nombre de ces âmes ferventes est relativement bien restreint? Comment fera donc le Seigneur Jésus pour combler cette lacune et perpétuer dignement, selon ses desseins, son sacrifice sanglant? Le voici : Il tirera de la masse commune des chrétiens deux catégories de fidèles, ses membres vivants, pour en faire d'une manière toute particulière les continuateurs de son sacrifice : nous voulons parler des prêtres et des religieux, lesquels par l'obligation où ils sont, par leur sacerdoce ou leur profession religieuse, de mener une vie plus sainte, plus mortifiée, plus éloignée des plaisirs du monde, se trouvent dans les conditions les plus favorables pour perpétuer comme il convient la vie souffrante et immolée du Sauveur. Néanmoins, c'est surtout aux religieux que cette mission est spécleiament dévolue, et parmi ces derniers plus spécialement à ceux dont l'institut porte un caractère particulier de pénitence et d'immolation.

Nous ne répèterons pas ici ce que nous avons déjà dit de l'apostolat de la souffrance parmi les prêtres, et des motifs puissants qu'ils ont de l'exercer. Nous nous contenterons de faire remarquer une différence qui, sous le rapport qui nous occupe, existe entre eux et les religieux, et d'où il résulte que c'est finalement à ces derniers qu'a été officiellement et directement confiée par l'Homme-Dieu la mission de perpétuer dans leur personne son sacrifice sanglant pour le salut des âmes, de même que pour la même fin il a officiellement et directement confié aux prêtres la mission de perpétuer son sacrifice non sanglant sur l'autel eucharistique. En effet, la première et essentielle fonction du prêtre c'est celle de *sacrificateur*. Et ce n'est que conséquemment à ce titre qu'il est plus particulièrement tenu que le simple fidèle à s'associer par une vie plus sainte et plus mortifiée aux souffrances et au sacrifice sanglant de Jésus-Christ. Mais il n'y est pas tenu à autant de titres que le religieux. C'est pour cela que la vie du prêtre n'est pas, comme celle de ce dernier, soumise aux observances, aux privations, aux pénitences et austérités régulières, qui font de la vie des religieux une perpétuelle immolation. Le prêtre n'a pas comme lui fait vœu de pauvreté; il peut, par conséquent, jouir légitimement de ce qu'il possède, et se procurer, pourvu qu'il reste dans les limites du devoir et de sa dignité, certaines satisfactions interdites au religieux. Le prêtre a promis obéissance à son évêque; mais, comparée au vœu d'obéissance que prononce le religieux et en vertu duquel il s'oblige à une perpétuelle abnégation de lui-même en des choses souvent difficiles, cette promesse est bien douce et de bien facile exécution. Inutile de continuer le parallèle. Ce que nous venons de dire suffit pour faire comprendre que si le prêtre, à raison de la nature de ses fonctions et du caractère sacré dont il est revêtu, doit perpétuer en lui-même d'une manière plus parfaite que le simple fidèle la vie souffrante du Sauveur; le religieux est tenu, en vertu de sa profession religieuse, à la perpétuer d'une manière plus parfaite que le prêtre. C'est à lui qu'a été officiellement et solennellement conféré le titre et la fonction de *victime*, comme c'est au prêtre, en vertu de la sainte ordination, qu'a été officiellement et solennellement conféré le titre et la fonction de *sacrificateur*.

Néanmoins, parmi les religieux auxquels la mission de victimes a été plus spécialement confiée, il faut placer au premier rang ceux qui appartiennent à des instituts plus austères, et qui ont une destination plus spéciale à la prière et à l'immolation.

Dans le corps mystique de Jésus-Christ, comme dans le corps humain, il y a un double mouvement, une double expansion de vie, l'une extérieure et visible, l'autre intérieure et cachée. L'un et l'autre ont pour but de mettre le sang du Rédempteur, et par conséquent sa vie divine, en circulation dans tout le corps de l'Église; l'un et l'autre ont leur principe dans le Cœur sacré de Jésus, d'où ils jaillissent comme un fleuve majestueux de sa source. Deux organes ou canaux sont étroitement unis à cette source sacrée où sont contenues les eaux vives de la grâce. L'un est visible, c'est le *corps sacerdotal*, à qui Jésus a confié le dépôt de sa doctrine et des mérites de son sang avec mission de les transmettre aux hommes par l'enseignement évangélique et par la dispensation des sacrements. L'autre est invisible, ce sont les âmes saintes que Jésus s'est étroitement unies par l'amour et par la douleur, et dont il se sert comme instruments de ses miséricordes, surtout dans les cas où, pour diverses causes, le ministère ordinaire du prêtre est rendu difficile ou impossible. Car les fonctions de ces apôtres de l'amour et de la souffrance consistent surtout à *aider* le ministère du prêtre et à le *suppléer* dans une certaine mesure, quand il est absent, c'est-à-dire quand pour une raison quelconque il ne peut être exercé. La très-sainte Vierge Marie est à la tête de ces apôtres de la souffrance. Telle a été en elle la dignité de cet apostolat, qu'elle a mérité d'être appelée Reine des apôtres, *Regina apostolorum*. Ah! c'est que tout en formant l'Église naissante par ses exemples et par ses conseils, Marie s'offrait en sacrifice pour les âmes. Chaque jour elle immolait pour elles avec un ardent amour sur l'autel de son Cœur très-pur une victime sans tache, c'est-à-dire ses ferventes prières, ses saints travaux, ses larmes, ses douleurs de mère, en un mot, son sang et sa vie en union avec son divin Fils Jésus. Faut-il s'étonner que par ce moyen elle ait concouru au salut et à la perfection d'un si grand nombre d'âmes? Or, ne craignons pas de le dire, les religieux et religieuses livrés aux exercices de la vie contemplative dans un institut où l'on fait profession spéciale de prier et de souffrir, réalisent à un très-haut degré cette mission secrète confiée à la Mère de Dieu, cet *apostolat intérieur,* qui se rattache par des liens si intimes à l'*apostolat extérieur* exercé par les prêtres. C'est dans leur rang que Notre-Seigneur se plaît à choisir les *victimes spéciales* dont nous allons parler bientôt, ou plutôt chacun d'eux est une de ces victimes de choix.

L'illustre fondatrice du Carmel, la séraphique Thérèse, n'entendait pas autrement la vie de sacrifice qu'elle avait embrassée; c'est elle qui disait à ses filles à la vue des maux qui désolaient l'Église : « O mes filles en Jésus-Christ, aidez-moi à prier Notre-Seigneur de vouloir remédier à un si grand mal. C'est pour ce sujet que nous sommes ici rassemblées; c'est l'objet de notre vocation; c'est ce que nous devons sans cesse demander à Dieu. » C'est vers ce but et vers celui du salut des âmes qu'elle voulait aussi qu'elles fissent converger leurs austérités, leurs jeûnes, leurs veilles, en un mot, toute leur vie d'immolation. Et pour les encourager dans cette voie difficile, elle-même y marchait à leur tête et se dévouait à tous les sacrifices en répétant le mot qu'elle avait choisi pour devise : « Ou souffrir, ou mourir : » *Pati, aut mori.*

CHAPITRE DIX-HUITIÈME

CONCLUSIONS PRATIQUES DES DEUX CHAPITRES PRÉCÉDENTS.

Nous venons d'établir sur des raisons solides ce que nous appelons la *mission expiatrice* des instituts religieux, surtout de ceux où l'on fait spécialement profession de *prier* et de *souffrir* pour le salut des âmes. De ces considérations, qui ont de nos jours une particulière opportunité, nous croyons devoir tirer les conclusions suivantes :

Première conclusion. — Le Fils de Dieu ayant sauvé le monde par la croix, et voulant se servir du même moyen pour en appliquer la vertu aux hommes, plus il se rencontre dans un siècle de chrétiens unis par la souffrance aux souffrances de Jésus-Christ pour sauver leurs frères, plus y a pour ce siècle espoir fondé de salut. Or, comme les religieux et religieuses ont reçu de Dieu, ainsi que nous venons de le dire, *mission spéciale* de perpétuer dans leurs personnes les souffrances et la Passion de Jésus-Christ, plus il y a dans un siècle de religieux et religieuses chargés de cette mission et fidèles à l'accomplir, plus il y a pour ce même siècle espoir fondé de salut. Et comme ces mêmes religieux et religieuses participent d'autant plus parfaitement à la mission expiatrice du Fils de Dieu qu'ils appartiennent à des instituts plus austères, et où l'on fait profession spéciale de prier et de souffrir pour le salut des âmes, plus il y a dans un siècle, dans un royaume, de religieux et religieuses appartenant à ces instituts et fidèles à leur vocation, plus il y a pour cette génération, pour ce royaume espoir fondé de salut, plus il y a pour l'Église espérance d'un prochain triomphe et abondance de biens spirituels.

Deuxième conclusion. — Donc, plus une nation catholique a excité contre elle par les crimes de ses enfants la colère de Dieu, plus il est nécessaire et urgent de multiplier au sein de cette nation les asiles de la *prière* et de la *pénitence*, c'est-à-dire les communautés religieuses où l'on fait profession particulière de *prier* et de *souffrir*. Par la même raison, plus une région est souillée par les iniquités de ses habitants, plus un diocèse compte d'impies, de mauvais chrétiens, d'associations anticatholiques, plus il y a raison de travailler à assainir cette région, ce diocèse, en y introduisant ces plantes salutaires, issues du sang de Jésus, qui répandent autour d'elles une si suave odeur de vie et de pureté ; plus il importe d'y établir ce qu'un de Nosseigneurs les Évêques appelait naguère, avec grande justesse, des *paratonnerres*, détournant loin des têtes coupables les foudres de la divine colère prête à éclater sur elles. A l'appui de cette conclusion, pourquoi ne citerions-nous pas le judicieux passage d'un journal catholique sur la salutaire influence des couvents et des institutions religieuses en Allemagne. « Ce sont ces âmes (dit-il en parlant des religieux et religieuses) qui ont sauvé par leurs *supplications* et par l'exercice des *œuvres de miséricorde* les États que déjà leur maître impie avait mis à deux doigts de leur perte. Ce sont elles qui écartent les châtiments divins des villes maudites. Holocaustes volontaires, elles rachètent par leurs privations et leurs austérités les prévarications des beaux esprits qui les bafouent. Elles ont prié, elles ont souffert, elles ont exercé les bonnes œuvres pour la société oublieuse de ses devoirs ; et les résultats obtenus jusqu'ici nous font entrevoir tout ce qu'il y a de vérité dans ces paroles de l'Apôtre : *Charitas omnia sperat* : « La charité espère tout ; » et nous nous permettons d'ajouter que de nos jours, en Allemagne, elle a tout obtenu. » L'auteur fait ici allusion au grand mouvement vers le catholicisme qui, depuis plusieurs années, s'est fait en Allemagne sous l'influence des corporations religieuses. Ne pourrait-on pas en dire autant du mouvement non moins remarquable vers notre sainte religion qui se produit en Angleterre et qui détermine chaque année un si grand nombre de conversions au catholicisme? Et notre chère France, parmi les nombreuses causes de scandale qui la désolent, de quels secours et de quels bienfaits n'est-elle pas redevable aux institutions religieuses qu'elle renferme en si grand nombre dans son sein! Heureuse si elle sait toujours comprendre qu'elles sont et seront pour elle une source intarissable de salut et de prospérité.

Troisième conclusion. — Donc il ne faut pas s'étonner que les impies de nos jours, comme ceux de tous les temps, s'attaquent avec un acharnement si opiniâtre aux congrégations religieuses, et s'efforcent par tous les moyens de les décrier, de les gêner dans leur développement, et, s'il leur était possible, de les exterminer pour toujours. Mais il faut grandement s'étonner que certains catholiques, en cela ou bien aveugles ou bien mal intentionnés, se fassent les échos de ces déclamations et de ces haines injustes. Une pareille manière de procéder dénote chez ceux en qui elle se rencontre un déplorable affaiblissement du sens surnaturel, ou une grande ignorance du plan providentiel dans l'économie générale de la rédemption ; ou, ce qui serait encore plus regrettable, une malveillance qu'il ne faut pas supposer, car elle s'attaquerait plus à Dieu qu'aux hommes, puisqu'elle opposerait un obstacle sérieux au salut des âmes pour lesquelles Jésus-Christ a répandu tout son sang. En effet, à moins de fermer volontairement les yeux à l'évidence des faits, il est impossible de ne pas voir que les corporations religieuses, malgré les infirmités inhérentes à la nature humaine, ont rendu de tout temps et rendent de nos jours de très-grands services à l'Église et aux âmes. Comment donc se fait-il que des hommes qui ne sont certes pas les ennemis du Fils de Dieu se rangent parmi les adversaires de ces auxiliaires dévoués de son œuvre, et cela à une époque où cette œuvre du divin Sauveur rencontre tant d'ennemis, et les âmes rachetées au prix de son sang, de si grands et si nombreux dangers de ruine éternelle? Ah ! ne craignent-ils pas, ces chrétiens imprudents, que le sang de Jésus-Christ, dont ils empêchent l'application par les instruments qu'il a daigné se choisir, ne retombe sur eux comme un anathème au grand jour du jugement, où chacun recevra la récompense du bien auquel il aura concouru, ou le châtiment du mal dont il aura été la cause?

Quatrième conclusion. — Donc les prêtres directeurs des consciences, bien loin de contrarier l'attrait des personnes qui leur font part de leur désir d'embrasser la vie religieuse doivent, au contraire, encourager cet attrait quand, après mûr examen, ils ont reconnu qu'il vient de Dieu, et même, s'ils le peuvent, en favoriser l'exécution. Et qu'ils se persuadent qu'en agissant de la sorte ils rendront un signalé service, non-seulement à ces âmes que le Seigneur appelle à la solitude, mais encore à l'Église tout entière, à qui ces personnes sanctifiées dans le cloître ou ailleurs seront d'un puissant secours par leurs prières, par leurs austérités, par leurs souffrances, par leur infatigable dévouement. Et quand donc plus que de nos jours fut-il opportun et nécessaire de favoriser ce saint élan des âmes que l'Esprit-Saint appelle à une vie de prière et d'immolation pour le salut de leurs frères? Est-ce que la génération au sein de laquelle nous vivons n'est pas une génération indifférente, qui ne veut ni prier ni souffrir? N'est-il pas urgent, si on ne veut pas la voir s'abîmer de plus en plus dans ses corruptions et dans ses ténèbres, que des âmes pures et ferventes s'interposent entre elle et Dieu par leurs volontaires expiations et par leurs prières, pour écarter les fléaux qui la menacent, pour lui obtenir miséricorde et pardon? Oui, le besoin de prière et d'expiation se fait sentir de nos jours plus que jamais. C'est à nous, directeurs des consciences, de seconder de tout notre pouvoir ce mouvement de l'Esprit-Saint. Mais prenons bien garde de n'y point substituer, sous quelque prétexte que ce soit, notre impulsion personnelle. C'est ce qui a lieu lorsqu'un directeur, s'inspirant de ses vues humaines, quelquefois même des préjugés de son siècle, donne à une âme une direction qui n'est point celle de la grâce, et contrarie ainsi le dessein de Dieu sur elle, au grand détriment de cette âme et de beaucoup d'autres, à qui elle aurait été d'un puissant secours à la place où Dieu la voulait. De pareils directeurs méritent plutôt le nom de *déviateurs* des âmes que celui de *directeurs* et de guides spirituels. La responsabilité qu'ils assument sur eux par une conduite si en désaccord avec celle de l'Esprit de Dieu n'est certes pas de nature à les rassurer sur le compte qu'ils auront un jour à lui rendre des âmes qu'il aura confiées à leurs soins. Nous étendons, proportion gardée, cette conclusion aux pères et aux mères de famille qui contrarient sans raison la vocation religieuse de leurs enfants, et par une affection désordonnée, qui n'est le plus souvent qu'un pur égoïsme, mettent entre la vie religieuse et leurs enfants une barrière infranchissable. Qu'ils se souviennent qu'en agissant de la sorte ils se rendent coupables, envers Dieu et envers leurs enfants, d'une grave injustice, dont ils auront à rendre un compte rigoureux au souverain

Juge, sans parler des châtiments et des chagrins domestiques que cette conduite indigne d'un chrétien ne manquera pas d'attirer, même dès cette vie, sur eux et sur leurs familles.

Cinquième conclusion. — Donc, les religieux et les religieuses doivent se regarder comme des victimes offertes en sacrifice à Dieu le Père en union avec son divin Fils souffrant et mourant pour le salut du monde. Plus ils se rendront conformes à Jésus crucifié, plus ils accompliront d'une manière parfaite la fin sublime de leur vocation. Plus que jamais, pour faire contre-poids à l'esprit d'indépendance et à l'amour effréné de jouissances matérielles qui va dévorant les sociétés modernes comme un cancer, il devient nécessaire que les religieux et religieuses entrent pleinement dans cet esprit de sacrifice par la pratique assidue d'une profonde humilité, d'une entière obéissance, et d'une parfaite mortification. Aussi notre conviction est-elle qu'un des points sur lesquels les supérieurs et supérieures de communautés religieuses ont le plus à insister de nos jours, et qu'ils doivent tâchez par tous les moyens de promouvoir dans leurs inférieurs, c'est *l'esprit de sacrifice*, c'est *l'amour de la croix* en union avec Jésus crucifié, et pour le salut des âmes rachetées au prix de son sang et dont un si grand nombre, hélas! tombe chaque jour en enfer.

Sixième conclusion. — Donc, tous les religieux et religieuses spécialement adonnés aux ministères de la vie active, tels que la prédication, l'éducation de la jeunesse, le service des pauvres et des malades, doivent d'autant plus s'appliquer à cette vie de sacrifice qu'ils sont plus exposés à la perdre à cause des distractions inséparables de l'exercice de leurs fonctions. Tout religieux, en effet, quelle que soit la nature de ses ministères, est, comme nous l'avons dit plus haut, par le seul fait de sa profession religieuse, officiellement député et destiné à perpétuer sur la terre le sacrifice de Jésus-Christ en qualité de *victime*, associé à la divine victime du Calvaire pour le salut du monde. Ce n'est pas autrement que les fondateurs de ces ordres ont entendu l'esprit de leur institut. L'un d'eux, entre autres, a formellement inséré dans la formule des vœux que prononcent ses enfants le mot *holocauste*, qu'il supplie Notre-Seigneur de daigner agréer en *odeur de suavité* : *Ut hoc holocaustum in odorem suavitatis admittere digneris*. Voilà bien la pensée complète du sacrifice exprimée avec une précision telle, qu'il n'y a pas à s'y méprendre.

Septième conclusion. — Donc enfin, les religieux et religieuses appartenant à des instituts austères où l'on fait profession plus spéciale de prier et de souffrir pour le salut des âmes, doivent s'estimer très-heureux et très-honorés d'être appelés à suivre de plus près Jésus-Christ dans la voie royale de la croix, à perpétuer d'une manière toute spéciale sa vie de prière et d'immolation, à être associés plus qu'aucun autre à son titre et à sa divine fonction de *victime* pour le salut du monde. Oui, réjouissez-vous, et dans les épreuves inséparables de cette vie de sacrifice, encouragez-vous par la pensée qu'il n'est rien sur cette terre que le Père contemple avec plus de complaisance du haut du ciel que les images vivantes de son Fils crucifié. Et n'êtes-vous pas de ce nombre, n'êtes-vous pas par excellence les membres souffrants de Jésus-Christ? Votre pauvreté, votre dénûment, vos privations, vos jeûnes, vos austérités, vos veilles, vos prières de jour et de nuit, vos humiliations, votre obéissance, ne font-ils pas de chacun de vous, si vous êtes fidèles à votre règle, autant de Jésus crucifiés! Courage donc, généreuses victimes, vous avez choisi la meilleure part, qui ne vous sera point enlevée. Votre place est marquée aux cieux parmi les princes de la gloire: *Ut collocet eum cum principibus, cum principibus populi.* Et à vous que le monde maudit comme un champ stérile, ou comme un bois desséché qui n'est bon qu'à jeter au feu, la fécondité est promise ; et c'est la fécondité des âmes, mille fois plus précieuse que celle qui perpétue sur la terre la race du vieil Adam.

Vous, par vos prières ferventes, par vos sacrifices de tous les jours, par votre ardente charité, par votre intime union avec le chaste Époux des âmes, vous multipliez la famille du nouvel Adam, de Notre-Seigneur Jésus-Christ, vous réjouissez son épouse la sainte Église, et vous peuplez le ciel d'élus. Aimez donc ces cloîtres sacrés, ces solitudes bénies, où, comme autrefois, le Seigneur Jésus aime à venir chercher un abri contre les bruits du monde. Enfoncez-vous avec lui dans ce mystérieux désert; unissez votre prière à sa prière, vos jeûnes à ses jeûnes, vos combats à ses combats; surtout unissez étroitement votre cœur à son divin Cœur, qui ne demande qu'à être aimé en retour de l'immense amour qu'il nous porte. Oui, aimons de tout notre cœur l'aimable Cœur de Jésus. Qu'il soit avec Dieu le Père et le Saint-Esprit l'unique objet de nos adorations, de notre amour et de nos louanges dans le temps et dans l'éternité. Après Jésus, que Marie, son auguste Mère, soit le premier objet de notre vénération et de nos affections les plus tendres et les plus dévouées au ciel et sur la terre. Amen.

CHAPITRE DIX-NEUVIÈME

DES VICTIMES SPÉCIALES.

Chef divin de son corps mystique, qui est l'Église, Jésus-Christ se perpétue et se prolonge en quelque sorte dans chacun de ses membres sous quelqu'un des traits caractéristiques de son existence. Dans le simple fidèle il continue sa vie privée, et, pour ainsi parler, sa *vie domestique* de Nazareth. Dans le prêtre il continue sa vie publique de prédication et sa fonction de *sacrificateur*. Dans le religieux il continue sa vie et sa fonction de *victime*. Tronc divin, vigne divine, la vie du Christ va donc se communiquant comme une sève féconde, formant trois grandes branches étroitement unies, lesquelles, se ramifiant à leur tour, vont porter la vie divine du Christ jusqu'au dernier et moindre rameau de cet arbre mystérieux. La première branche est la vie du Christ continuée dans les fidèles, c'est la vie chrétienne : *vita christiana*. La seconde, c'est la vie du Christ docteur et prêtre, continuée dans les prêtres, c'est la vie sacerdotale : *vita sacerdotalis*. La troisième, c'est la vie du Christ victime obéissante et crucifiée, continuée dans les religieux, c'est la vie religieuse : *vita religiosa*. Le Fils de Dieu est, en effet, venu du ciel sur la terre pour nous donner la vie divine et nous la donner avec abondance. C'est lui-même qui l'a dit : *Ut vitam habeant et abundantiùs habeant*. Et voilà que depuis son apparition parmi nous la vie divine du Christ déborde au sein des générations chrétiennes et y produit sans interruption les fruits les plus abondants de vertus et de vie éternelle. Louanges et actions de grâces en soient rendues à notre charitable et très-doux Sauveur.

Ajoutons, pour compléter cet enseignement, que tout en maintenant la triple distinction dont nous venons de parler, Dieu, pour des fins qui lui sont connues, se choisit indistinctement, dans tous les rangs de la société chrétienne, *des victimes spéciales*, et leur communique, pour le salut de leurs frères, une large participation aux souffrances de son divin Fils, et par conséquent à son titre et à sa fonction de victime.

En parcourant les annales de l'Église, il serait facile de démontrer cette assertion par des faits nombreux qui la mettraient en évidence. En effet,

Dieu s'est choisi dans tous les temps des âmes ferventes, pour en faire des victimes agréables à ses yeux, sur qui il s'est plu à décharger les coups que sa justice réservait soit à une cité, soit à une nation, soit même à son Église, à cause des infidélités de ses enfants. C'est ainsi qu'il avait déjà déchargé sur l'innocente victime du Calvaire, son Fils bien-aimé, les rigueurs que sa juste colère réservait à l'humanité coupable. Dire le tendre amour, la tendre prédilection que Dieu le Père porte à ces âmes à qui il a donné un trait tout particulier de ressemblance avec son Fils crucifié, est chose impossible. Pour leur faire plaisir, il n'est pas de miracles de grâces qu'il ne soit disposé à accorder à leurs prières, surtout quand elles les lui présentent mêlées aux larmes, au sang et aux agonies de Jésus, ainsi qu'à leurs propres larmes et à leurs propres agonies. Or, c'est surtout aux époques de crise religieuse et sociale que le Seigneur a coutume de susciter dans sa miséricorde ces victimes cachées, dont l'action latente, comme celle de la grâce en chacun de nous, opère avec elle et par elle d'une manière intime et vitale. On peut comparer la fonction importante que ces âmes saintes accomplissent dans les membres du corps mystique de Jésus-Christ aux organes vitaux, qui, dans le corps humain, sont immédiatement unis au cœur pour transmettre le sang et avec lui la vie, dont il est la source, aux membres les plus éloignés. Nous ne dirons pas que ces âmes saintes sont comme une sorte de *sacrement vivant* dont Jésus-Christ se sert pour opérer dans ses membres une œuvre de vie divine; mais nous dirons qu'elles sont des instruments, des canaux immédiatement unis par la douleur et par l'amour à la source de cette vie divine, c'est-à-dire au très-saint Cœur de Jésus, pour la transmettre ou pour l'obtenir à ceux de ses membres auxquels il veut qu'elle arrive par leur moyen. D'où il résulte que plus une âme est unie par la douleur et par l'amour à la source de vie, qui est Jésus-Christ, plus elle est dans les conditions requises pour puiser abondamment en lui les flots de vie divine pour elle-même et pour les autres; plus elle est apte à perpétuer sur la terre le sacrifice de Jésus, à être associée à son titre et à sa fonction de victime pour le salut des hommes; plus, par conséquent, elle a d'accès auprès de Dieu et d'empire sur le Cœur sacré de son Fils pour en obtenir les grâces les plus abondantes pour les justes, pour les pécheurs, pour l'Église, pour le souverain Pontife, pour les nations, pour les diocèses, pour les paroisses, pour les familles, pour la conversion des infidèles, en un mot, pour tous les besoins de l'Église et de l'humanité.

A la tête de ces victimes cachées apparaît l'auguste Marie, Mère de Jésus et notre mère, en qui la douleur et l'amour entrelacées comme deux tiges, l'une d'épines, l'autre de fleurs, forment une mystérieuse alliance, et la font apparaître à nos regards avec le double titre et la double auréole de Mère du pur amour, *Mater pulchræ dilectionis*, et de Reine des martyrs, *Regina martyrum*. Marie a souffert par compassion toutes les douleurs de Jésus, et a répondu à tout son amour par un amour de parfaite correspondance, de sorte que l'union de Marie avec Jésus par l'amour et par la douleur a été la plus parfaite possible, et s'est effectuée avec une sorte de plénitude. Il ne faut donc pas s'étonner qu'elle ait exercé sur le Cœur de son Fils une influence telle, qu'elle a obtenu d'y puiser des flots de vie divine pour l'humanité tout entière ; en sorte que toutes les grâces déversées du Cœur très-pur de Jésus dans le très-saint Cœur de Marie nous arrivent par ce Cœur virginal, comme par un canal extrêmement pur et fécond. L'action de cette grande et très-noble victime, la plus parfaite après la sainte victime du Calvaire, est donc une action non-seulement efficace, mais encore universelle, s'étendant à tous les chrétiens, à tous les hommes, à tous les temps, à tous les lieux. Oui, c'est à Marie, à la Mère d'amour et de douleur, que l'humanité tout entière est, après Jésus, redevable de son salut. Il ne faut point s'étonner qu'elle soit à la tête de la sainte phalange des *victimes spéciales* dont nous parlons. De là vient peut-être l'attrait particulier qui porte ces âmes privilégiées à choisir la Vierge des douleurs et son Cœur compatissant pour objet spécial de leur dévotion.

Il est à présumer qu'après Marie, saint Jean l'évangéliste occupe le premier rang dans cette généreuse phalange. L'amour de Jésus pour ce disciple bien-aimé de son cœur était trop tendre, trop ardent, trop intime, pour qu'il ne lui accordât pas la grâce insigne d'une parfaite ressemblance avec lui-même; car tel est le propre de l'amour porté à un certain degré d'intensité, qu'il tend avec une infatigable ardeur à faire passer dans la personne aimée l'image vivante, ou plutôt, autant que cela est possible, la vie même de la personne qui aime. Comment Jésus, si brûlant d'amour pour saint Jean, n'aurait-il pas gravé en lui l'image de sa vie crucifiée, comment lui aurait-il refusé ce qu'il accorde à ses meilleurs amis comme gage de sa prédilection, nous voulons dire, une large part au calice de ses agonies et aux souffrances de sa Passion? Disciple bien-aimé de Jésus, saint Jean n'a-t-il pas été en même temps l'enfant privilégié de Marie, et, pendant de longues années, le dépositaire des douleurs de sa très-sainte âme? Comment, à ce nouveau titre, n'aurait-il pas été martyr de douleur et d'amour, lui dont l'âme fut si aimante et si sensible? Oui, nous le croyons, Jean l'évangéliste a été une de ces *victimes spéciales* que Dieu le Père se plaît à associer intimement aux souffrances, surtout aux souffrances intérieures de son Fils bien-aimé. Voici ce que nous lisons à ce propos dans la vie de la bienheureuse Angèle de Foligno : « J'avais, dit-elle, prié la très-sainte Vierge Marie, Mère de Dieu, et saint Jean l'évangéliste, par cette véhémente douleur qui transperça leur âme en la passion de Jésus-Christ, de m'obtenir la grâce que je pusse ressentir toutes les douleurs de la sainte Passion, tellement que saint Jean me donna une fois une amertume si grande, que jamais je n'en avais éprouvé de plus véhémente; et je connus bien que le glaive de douleur qui avait traversé le cœur virginal de la Mère de Dieu et de saint Jean avait été plus aigu que celui des martyrs, et qu'ils avaient enduré au pied de la croix de plus excessives souffrances que les martyrs eux-mêmes. »

Après ce témoignage d'une très-sainte âme que l'Esprit-Saint a daigné favoriser de ses plus intimes communications, on ne trouvera pas étrange que nous cherchions à faire partager à nos lecteurs la persuasion où nous sommes que saint Jean l'évangéliste occupe, après Marie, la première place à la tête de ces martyrs cachés dans le cœur desquels Jésus-Christ a planté sa croix, qu'il associe particulièrement à son titre et à sa fonction de victime, dont il fait avec prédilection les continuateurs de son sacrifice pour le salut du monde en les rendant participants de ses douleurs, surtout des douleurs intimes de sa sainte âme et de son cœur agonisant. Aussi nous ne croyons rien faire de mieux que de conseiller aux âmes que Dieu conduit par ces voies douloureuses de recourir avec confiance au milieu de leurs tribulations à la protection de saint Jean, disciple bien-aimé du Cœur agonisant de Jésus, et l'enfant priviligié du Cœur compatissant de Marie. Il existe, en effet, non-seulement entre les membres de Jésus-Christ, mais encore entre leurs fonctions diverses, certaines relations intimes qui les rattachent les unes aux autres, qui les font relever les unes des autres dans un ordre hiérarchique plein d'harmonie et d'unité. Saint Jean occupant une place d'honneur dans cette mystérieuse hiérarchie, exerce, par cela même, sur ceux qui s'y trouvent placés au-dessous de lui, une visible influence qui est toute de protection et de charité.

A son tour, Marie-Magdeleine, cette âme privilégiée, que les larmes de son repentir et son ardent amour rendirent si chère au Cœur du divin Maître, n'a-t-elle pas été elle aussi une de ces victimes de choix? Le Fils de Dieu, après avoir versé le pardon dans cette grande âme et avec lui les dons les plus précieux de la grâce, n'en a-t-il pas fait comme un instrument de miséricorde pour attirer à sa suite une infinité de pécheurs et de pécheresses convertis? Durant ces dix-huit siècles qui nous séparent du jour où elle était debout tout en pleurs au pied de la croix, avec Marie et le disciple bien-aimé, y a-t-il eu un seul jour où son souvenir, son nom, ses prières, son exemple, ses larmes, sa longue pénitence n'aient exercé sur quelque prodigue une salutaire influence, un apostolat de miséricorde et de conversion? Le Fils de Dieu ne s'en est-il pas servi pour faire descendre sur la terre des Gaules la rosée céleste? Et n'est-ce pas en grande partie à sa puissante intervention auprès de Dieu, jointe aux travaux des hommes apostoliques venus à leur tour pour achever de la défricher, que cette terre, jusque-là si aride, est devenue ce royaume très-chrétien, cette fille aînée de l'Église, en un mot, cette France chérie de Dieu, en tout temps si généreuse, aujourd'hui si éprouvée; mais dont les épreuves diminueront le jour où des âmes dévouées s'offriront à Dieu, comme Madeleine, en victimes pour sa délivrance.

Qui dira, en effet, la merveilleuse puissance de l'amour et de la douleur dans une âme intimement unie à la source même de la grâce, au Cœur sacré de Jésus! Qui dira les saintes influences que cette âme divinisée par son contact avec l'Homme-

Dieu, répand de tous côtés autour d'elle! Son action n'a d'autres limites que celles de son amour et de sa douleur. Selon qu'elle aime et qu'elle souffre en aimant, elle agit avec plus ou moins d'étendue, avec plus ou moins d'efficacité dans cette sphère mystérieuse, qui est le monde des âmes, la région du surnaturel dans ses rapports avec la pauvre humanité. Non, les branches de l'arbre le plus vigoureux ne puisent pas dans leur tronc autant de séve végétale pour féconder leurs rameaux, qu'une seule de ces âmes ne puise de vie divine pour elle-même et pour les autres dans le tronc divin auquel elle est unie, c'est-à-dire en Jésus-Christ, l'arbre de vie, la véritable vigne qui porte des fruits pour l'éternité. *Ego sum vitis, vos palmites.* Marie-Madeleine, nous le croyons sans hésiter, a été une de ces branches fécondes étroitement unies au tronc divin. Enracinée avec lui sur le sol du Calvaire, elle y a puisé une séve abondante de vie divine, et l'a distribuée à son tour à une multitude innombrable de rameaux, lesquels lui devront éternellement après Dieu la grâce de n'être point demeurés morceaux de bois desséchés, uniquement bons à être jetés au feu.

Ainsi donc, du pied de la croix, ou plutôt des plaies mêmes de Jésus crucifié, jaillissent trois grandes branches qui lui sont unies par l'amour et par la douleur. La première, à laquelle les deux autres viennent se rattacher, c'est l'auguste Marie, la très-aimante et très-compatissante Mère de Jésus, qui, à raison de l'excellence et de l'intimité de son union avec son divin Fils et de sa conformité avec lui par la souffrance et par l'amour, est placée à la source même des grâces, et y puise la vie divine avec une telle abondance qu'elle en reçoit comme la plénitude et peut la déverser à son tour sur l'humanité jusqu'aux dernières générations. C'est ainsi que cette très-pure Vierge est constituée au pied de la croix *Reine des apôtres de la souffrance*. Après Marie et par Marie, les deux autres branches, qui jaillissent de l'arbre de vie, c'est saint Jean et sainte Madeleine. Leur amour et leur compassion pour leur maître crucifié leur donnent avec lui un trait de si parfaite ressemblance qu'ils méritent, après l'auguste Marie, d'occuper le premier rang parmi les *apôtres de la douleur*. En récompense de leur dévouement, ils recevront l'un et l'autre une mission importante. A saint Jean sera confiée la mission de féconder de sa charité et de ses douleurs, non moins que de sa parole, la ville d'Éphèse et les contrées de l'Orient. La seconde, devenue l'illustre pénitente de la sainte Baume en Provence, aura pour mission de féconder en Jésus-Christ les contrées de l'Occident par ses larmes, ses prières, ses volontaires expiations, surtout par les saintes et vivifiantes ardeurs de son amour. Marseille en particulier lui devra, non moins qu'à son frère Lazare et à sa sœur Marthe, d'être devenue, de païenne qu'elle était, une des cités les plus profondément catholiques du monde. Ainsi donc, c'est sur le Calvaire, au pied de la croix, que s'inaugure en Marie, mère de Jésus, et par Marie en saint Jean et sainte Marie Madeleine, l'*apostolat de la souffrance*. Quelle glorieuse origine! Qui ne serait saintement jaloux de prendre part dans la mesure dont il est capable à un si sublime apostolat, surtout en ces temps mauvais où le concours des chrétiens disposés à se dévouer pour le salut de leurs frères devient si nécessaire et si opportun?

CHAPITRE VINGTIÈME

EXEMPLES.

En confirmation de ce qui vient d'être dit dans le chapitre précédent, nous allons citer quelques exemples qui montreront comment, dans tous les temps, le Fils de Dieu s'est plu à associer à son sacrifice des victimes spéciales pour les besoins de son Église et pour la conversion des âmes rachetées au prix de son sang. Obligé de nous restreindre, nous nous bornerons à quelques exemples choisis parmi les plus saillants. Nous avons cité plus haut le nom de sainte Marie-Madeleine de Pazzi, cette âme séraphique, toute brûlante d'amour pour Jésus-Christ et dévorée de zèle pour le salut des âmes. Voici ce que nous lisons dans sa vie : « Le Seigneur lui fit connaître que son bon plaisir était qu'avec la permission de ses supérieures elle jeûnât plusieurs années au pain et à l'eau, à la réserve du dimanche...; qu'elle marchât toujours les pieds nus, même au plus froid de l'hiver, et ne portât sur soi qu'une simple tunique ; ce que ses supérieures furent contraintes de lui permettre, y reconnaissant la volonté divine. Dieu voulait, en effet, qu'elle vécût avec une si admirable austérité *pour l'expiation des péchés des autres.* Car la pénitence de cette sainte était d'autant plus illustre qu'elle n'avait point d'autre objet que la volonté de Dieu et l'amour du prochain. Jusque dans les extases dont elle fut favorisée, il lui arrivait de souffrir en conformité avec Jésus-Christ. « Les cris et les soupirs qu'elle jetait souvent, au plus fort de ses extases, étaient des preuves évidentes des douleurs extrêmes qu'elle y souffrait..., ce qui était tout son désir; et parfois cette douleur passait à un tel excès, qu'il lui eût été impossible de la supporter et de vivre, si la puissante main de Celui qui la blessait avec tant d'amour ne l'eût soutenue en même temps pour l'empêcher de tomber. Le lundi de la passion de 1586, elle pria le Fils de Dieu avec une si grande ferveur de lui accorder de ressentir quelque chose des douleurs de sa passion, que Notre-Seigneur le lui accorda. Toute la nuit du jeudi au vendredi, elle ressentit en tout son corps des douleurs extrêmes qui s'accrurent bien davantage sur les dix heures du soir du même jour ; car étant ravie en extase, elle endura tant de peines et de martyre en tout son corps, que de grandes gouttes de sueur découlaient de tous ses membres, et de ses yeux une grande abondance de larmes ; elle demeura plusieurs heures en ce travail, et il était impossible, selon les apparences humaines, d'endurer tant de peines sans mourir. »

Mais ce n'est point encore assez : à cette victime de prédilection il fallait encore des souffrances plus profondes et plus cuisantes. La divine Majesté, voulant élever son âme à une plus grande sainteté, lui fit entendre qu'elle serait privée pendant cinq années des consolations célestes dont il la favorisait ; sur quoi elle devint aussi pâle que la mort ; mais sachant que c'était la volonté de Dieu, elle se résolut à tout ce qui lui plairait. Dieu permit donc au démon de tenter cette bienheureuse vierge par cinq sortes de tentations : tentations d'infidélité, d'orgueil, d'impureté, d'obscurité d'entendement et de gourmandise... » Elle traversa ce rude temps d'épreuve avec un redoublement de générosité et d'amour envers Celui qui la tenait ainsi clouée à la croix. Elle en sortit enfin victorieuse, ainsi que de toutes les autres épreuves de sa vie, qui en fut un long tissu ; et quand l'heure de la récompense fut venue, elle alla la recevoir dans le ciel, où elle règne avec son divin Époux, en compagnie des âmes bienheureuses qu'elle lui a gagnées par ses prières, par ses souffrances et par son amour.

Et l'angélique Louis de Gonzague ne fut-il pas, lui aussi, au rapport de sainte Marie-Madeleine de Pazzi elle-même, une de ces victimes de choix, un de ces apôtres de la souffrance, destinés de Dieu à continuer par la douleur et l'amour l'œuvre rédemptrice de son divin Fils. Écoutons cette sainte racontant ce que, dans une extase, il plut à Notre-Seigneur de lui révéler sur la gloire et le martyre caché de Louis de Gonzague. « O quelle gloire possède Louis, fils d'Ignace! Je ne l'aurais jamais crue telle, si mon Jésus ne m'en eût rendue témoin. Il me paraît que peu de bienheureux dans le ciel jouissent d'un éclat supérieur au sien. Je dis que Louis est saint. Je dis que nous avons des saints dans notre église (elle voulait parler de ceux dont l'Église du monastère possédait des reliques) dont la gloire n'égale pas la sienne. Je voudrais, s'il m'était possible, parcourir le monde et répéter partout que Louis, fils d'Ignace, est saint. Je voudrais pouvoir découvrir sa gloire à tous les yeux, afin qu'on sût comment Dieu se glorifie en lui par sa munificence. C'est sa vie cachée et intérieure qui l'a rendu si glorieux. Qui pourra jamais expliquer la valeur des actes intérieurs et la récompense qu'ils méritent? Il n'y a aucune comparaison à faire entre ce qui paraît au dehors et ce qui se fait au dedans. Et Louis, tandis qu'il vécut dans le monde, fut constamment affamé des inspirations intérieures que le Verbe insinuait dans son cœur, et, autant qu'il le pouvait, il avait grand soin de les mettre en pratique. *Louis fut un martyr inconnu;* car celui qui vous aime, ô mon Dieu ! vous connaît si grand et si infiniment aimable, que ce lui est un cruel martyre de voir qu'il ne vous aime pas autant qu'il voudrait vous aimer, et que vos créatures, au lieu de vous chérir, vous offensent. Non-seulement il *fut martyr,* mais il *le fut de tout son cœur.* Oh ! combien il vous aima sur la terre ! Aussi maintenant jouit-il de vous dans les cieux par la plénitude de l'amour. Pendant qu'il fut mortel, il blessait le Cœur du Verbe par ses actes d'amour unitif, comme par autant de traits; maintenant que le Verbe l'a blessé des mêmes traits, il connaît et il goûte le prix de tous ses actes. » Elle vit ensuite que ce saint priait avec une ferveur toute particulière pour ceux qui, sur la terre, l'avaient secouru spirituellement, ce qui lui fit dire : « Et moi aussi je veux chercher les moyens de gagner des âmes, afin que si quelqu'une obtient le paradis, elle intercède de cette sorte pour moi. » Lorsque les Pères de la compagnie de Jésus qui demeuraient à Florence eurent entendu parler de cette vision, ils prièrent instamment la mère prieure de leur en donner la relation écrite; ce qui leur fut promptement accordé, parce que ces Pères avaient toujours rendu au monastère de grands services spirituels. Ce fut le 4 avril de l'année 1607 que Marie-Madeleine de Pazzi fut favorisée de cette insigne vision.

Plusieurs siècles auparavant Dieu avait suscité sur cette même terre d'Italie, si féconde en fruits de sainteté, l'illustre vierge Catherine de Sienne, pour être une vivante image de son Fils crucifié. Apôtre de la prière et de la souffrance, il est incroyable combien de fruits de salut elle opéra dans les âmes à une époque désastreuse, où elles couraient le plus grand danger de se perdre pour toujours. Son confesseur ne pouvant pas suffire à entendre les innombrables pécheurs que les prières et les souffrances de la sainte avaient gagnés à Dieu, il dut s'adjoindre plusieurs prêtres pour suffire à cette tâche. Voici quelques traits tirés de la vie de cette humble vierge, qui montrent l'ascendant qu'elle exerçait sur le Cœur de Jésus, son divin Époux. Une femme nommée Palmerine, poussée par un instinct diabolique, conçut une si grande haine contre sainte Catherine, qu'elle ne la pouvait voir ni entendre. Elle la fit chasser de sa maison, refusant tous les services que la sainte s'offrait à lui rendre dans les maladies que Dieu lui envoya en punition de ses fautes. Elle persévéra dans cette mauvaise disposition jusqu'à l'ar-

DE LA SOUFFRANCE.   203

ticle de la mort. Alors, plus que jamais, Catherine se mit à prier Dieu pour cette pauvre âme, et, s'étant prosternée devant Notre-Seigneur, elle lui protestait qu'elle ne se lèverait point de là jusqu'à ce qu'il eût eu pitié d'elle. Ses supplications furent exaucées. Notre-Seigneur toucha et amollit tellement le cœur de cette femme, qu'elle pleura sa faute, et, après avoir reçu les derniers sacrements dans de saintes dispositions, elle mourut en paix.

Un riche bourgeois de Sienne nommé André, homme sans cœur, méchant, ennemi de Dieu et de ses saints, abominable blasphémateur, se trouvait à l'article de la mort et ne voulait pas se confesser. Mais non loin de là il y avait un apôtre de la prière et de la souffrance qui offrait à Dieu pour lui ses larmes et ses supplications. Encore cette fois Catherine fut exaucée, et le moribond obstiné, devenu doux comme un agneau, reconnut ses crimes, les confessa et mourut en paix.

Notre-Seigneur n'accordait pas seulement à sa sainte épouse des grâces de consolation pour les pécheurs, mais aussi des grâces de dévotion et de perfection pour les justes. Ainsi elle obtint à saint Raymond, son confesseur, une véhémente contrition de ses péchés; à un religieux, une grande tendresse de dévotion; et à d'autres, tant de secours spirituels, qu'il semble qu'elle ne demandait rien à Notre-Seigneur qu'elle ne fût sûre de l'obtenir.

Mais voici sur le sol américain une autre illustre apôtre de la prière et de la souffrance (car Notre-Seigneur les choisit partout), sainte Rose de Lima, digne émule de sainte Catherine de Sienne, dont elle se regardait comme la fille spirituelle. La pensée du salut des âmes, surtout la conversion des pécheurs, la préoccupait nuit et jour, et elle aurait donné mille vies pour en ramener un seul à Jésus-Christ. Pour eux, elle s'imposait les mortifications les plus rudes, et l'auteur de sa Vie, énumérant ses austérités, s'exprime ainsi : « Son abstinence était extrême..., et les disciplines communes lui paraissant trop douces; elle s'en fit une de deux chaînes de fer, de laquelle elle se frappait tous les jours jusqu'au sang; mais particulièrement quand elle s'imposait cette pénitence pour la conversion des pécheurs; alors s'immolant à Dieu pour eux, comme une victime expiatrice, elle était saintement cruelle à elle-même... Le cilice qu'elle portait sur son corps lui descendait depuis les épaules jusqu'aux genoux... Le lit sur lequel elle reposait était plutôt un lit de douleurs et de veilles que de repos; son oreiller était une pierre... A ces souffrances qu'elle se procurait pour devenir semblable à son Époux crucifié, vinrent se joindre les souffrances intérieures les plus amères. » C'est, du reste, la conduite ordinaire de Dieu avec les âmes qu'il associe spécialement au sacrifice de son Fils. Les souffrances du Sauveur ayant été à la fois extérieures et intérieures, ces âmes, destinées à lui ressembler sur la croix, sont à son exemple victimes de la douleur en l'âme et au corps. C'est ce qui paraît dans Rose de Lima de la manière la plus éclatante. Elle eut pendant quinze ans à soutenir des combats ou plutôt une agonie plus amère que la mort. Livrée, par une permission spéciale de Dieu, aux plus affreuses vexations du démon, elle eut à endurer pendant longtemps une des peines intérieures les plus cuisantes de la vie spirituelle, la peine ou plutôt le tourment des *ténèbres* de l'esprit.

« Dans ces effroyables obscurités, dit encore l'auteur de sa Vie, elle ne pouvait penser à Dieu, et les démons remplissaient son imagination de spectres si affreux, qu'encore que cette vierge affrontât courageusement les douleurs les plus insupportables, néanmoins elle ne pouvait s'accoutumer à ce genre de peines. La seule pensée lui en était si terrible, que lorsqu'elle sentait approcher l'heure de ces peines elle tremblait de tous ses membres, et priait Notre-Seigneur, tout en restant soumise comme lui à la volonté de son Père, de la dispenser de boire ce calice amer. Ces peines furent portées à un tel excès, qu'on jugea à propos de faire examiner sa conduite par les plus fameux théologiens de l'université de Lima, lesquels, après plusieurs interrogatoires qu'ils lui firent subir, déclarèrent que ces peines étaient une épreuve de Dieu, qui la disposait à une haute perfection, par cet état de ténèbres et de souffrances... A ces peines se joignirent diverses graves maladies, dans lesquelles elle s'écriait avec un amour et une patience héroïques : *O bon Jésus, augmentez mes souffrances; mais en même temps augmentez en moi votre divin amour.* Enfin arriva l'heure de son dernier sacrifice. Sa dernière maladie fut comme une réunion de souffrances et un assemblage de toutes celles qu'elle avait endurées dans le cours de sa vie. Elle y endura des douleurs que les médecins jugèrent n'être pas naturelles dans leur principe, et ils avouaient que Dieu agissait par des voies extraordinaires pour communiquer à cette sainte une partie des douleurs qu'il avait souffertes pour le salut des hommes durant sa passion, et qu'elle endurait elle-même pour les mêmes fins. »

Moins d'un siècle plus tard, sur ce même sol brûlant de l'Amérique méridionale, fleurissait encore une aimable vierge que son admirable candeur a fait surnommer le *Lis de Quito*. Digne en tous points de Rose de Lima, Marianne de Parédès, née à Quito, dans le Pérou, s'appliqua à marcher sur ses traces, à la suite de son divin Époux crucifié. Sa vie ne fut qu'une série de croix endurées avec une patience héroïque pour Dieu et pour les âmes. Car elle aussi fut une insigne apôtre de la prière et de la souffrance. Et qui dira à combien de pauvres pécheurs cette humble vierge a ouvert les portes du ciel! Avide de douleurs, elle s'était façonné un cilice avec des feuilles épineuses qui croissent dans ces contrées. Elle portait sur sa tête une couronne d'épines qu'elle cachait de son mieux sous son voile. Elle se donnait la discipline avec des chaînettes de fer, et de telle manière que la terre était tout arrosée de son sang. Elle dormait ordinairement sur des morceaux de bois triangulaires ou sur la terre nue ; ses jeûnes étaient continuels.

« La fin de cette bienheureuse, dit l'auteur de sa Vie, fut un *holocauste* pour les péchés de ses frères. En l'année 1645, la ville de Quito fut ravagée et dépeuplée par une épidémie terrible. De nombreux tremblements de terre augmentaient encore la frayeur du peuple. Le quatrième dimanche du carême, le confesseur de la bienheureuse expliquant l'Écriture sainte au peuple, l'engagea à apaiser la colère divine par de ferventes prières; il ajouta que s'il fallait une victime, il s'offrait volontiers. La bienheureuse, qui se trouvait dans l'auditoire, emportée par un mouvement de l'Esprit-Saint, se leva aussitôt, et en quelques paroles de feu elle donna à Dieu sa vie pour le salut de ce peuple désolé. Notre-Seigneur agréa son sacrifice. Les tremblements de terre cessèrent ce jour-là même, et la maladie commença à faire moins de ravage; elle décrut à mesure que la bienheureuse approchait de sa fin. Et quand cette jeune victime, à peine âgée de vingt-six ans, eut rendu le dernier soupir, la maladie disparut tout à fait. — Heureux, s'écrie l'historien, en terminant ce touchant récit, heureux le pays qui possède ce trésor de pénitence et de mérite. » Heureuse! nous écrions-nous à notre tour, heureuse notre chère France si, au milieu de ses malheurs, Dieu lui suscite quelques-unes de ces âmes d'élite qui s'offrent généreusement en victimes pour elle! « Combien d'âmes, continue l'historien, ont été sauvées par les austérités de cette bienheureuse! Combien le seront encore par ses prières! Elle protége sa patrie du haut du ciel. Puisse-t-elle lui conserver la foi, lui rendre la paix, et obtenir de Dieu qu'elle ne soit jamais la proie des loups dévorants qui ravagent ces belles et malheureuses contrées! »

Nous aussi nous formons le même souhait, et nous nous écrions : Ah! combien d'âmes seront sauvées dans notre chère France, en ces jours d'épreuves et de désolation, si des victimes volontaires, agréables au Cœur agonisant de Jésus, s'offrent à *souffrir et à mourir* pour elle, si, marchant sur les traces des âmes généreuses dont nous venons de rappeler le souvenir, elles ne mettent aucune borne à leur dévouement, aucune réserve dans leur holocauste. Nous en sommes profondément convaincu, ce dont la France a le plus grand besoin de nos jours (et nous pouvons en dire autant des autres nations catholiques), *c'est du martyre*. Les ennemis de la religion l'ont compris, ce semble. Pressentant que le triomphe religieux de la France sortirait comme naturellement du sang des catholiques versé pour la foi, ils se sont donné le mot d'ordre d'éviter à tout prix la *persécution*. C'est qu'en effet, le sang des martyrs est aujourd'hui, comme au temps des Dioclétien et des Néron, une semence de chrétiens : *Sanguis martyrum semen Christianorum*. Mais si le glaive n'est pas levé sur nous pour trancher nos têtes, il nous reste un moyen de suppléer à ce martyre sanglant. On ne veut pas nous honorer du martyre par le glaive : ah! soyons martyrs par le cœur, par la souffrance librement acceptée. Offrons-nous en victimes pour le salut de la France, pour le triomphe de l'Église. Acceptons dans ce noble but en union avec Jésus-Christ, avec son Cœur agonisant, avec le Cœur compatissant de Marie, toutes les peines, les maladies, les épreuves, les souffrances qu'il plaira au Seigneur de nous envoyer dans sa miséricorde. Et s'il lui plaît de nous demander l'offrande de notre vie? Ah! pour son amour et pour l'amour des âmes qu'il a rachetées de son sang, ne lui refusons pas ce dernier sacrifice! Qui sait si la miséricordieuse justice de Dieu n'a pas mis le salut de la France et le prochain triomphe de l'Église à ce prix?

Mais comment, avant de terminer ce chapitre, ne pas signaler, parmi les victimes de choix qu'il a plu à Notre-Seigneur de s'associer pour continuer son œuvre rédemptrice, l'humble fille de saint François de Sales, à laquelle ses vertus héroïques ont valu récemment encore les honneurs solennels de la béatification? Destinée de Dieu à servir d'instrument à ses plus grandes miséricordes, comment Marguerite-Marie Alacoque pouvait-elle n'être pas victime avec Jésus-Christ, son divin Époux, elle qui, dans une apparition éternellement mémorable, devait recevoir du Fils de Dieu la mission solennelle de révéler au monde les trésors de grâces renfermés dans son divin Cœur, victime d'amour et de douleurs pour le salut du monde. Ah! ceux qui liront la Vie de cette sainte religieuse de la Visitation, toute remplies de tribulations, d'angoisses et de douleurs, n'entendront rien à cette longue série d'épreuves qui ont fait de sa vie un martyre presque continuel, s'ils ne comprennent pas encore ce qu'avec tant de peine nous avons tâché de faire comprendre dans tout le cours de cet ouvrage, savoir : que non-seulement le Fils de Dieu a voulu opérer l'œuvre du salut du genre humain par la croix, mais encore en faire individuellement l'application à chaque homme en particulier par la croix. Et c'est pour cette fin qu'il se perpétue comme victime dans ses membres souffrants, surtout dans quelques âmes privilégiées, qu'il s'est spécialement choisies pour accomplir cette grande mission. Vous fûtes de ce nombre, ô bienheureuse Marguerite-Marie ! Puissions-nous, par le secours de vos prières, obtenir du très-aimable Cœur de Jésus la même faveur !

CHAPITRE VINGT-UNIÈME

QUALITÉS DES APÔTRES DE LA SOUFFRANCE, SURTOUT DES VICTIMES SPÉCIALES.

Quiconque s'offre à payer pour un autre doit d'abord avoir de quoi payer pour soi. Avant de payer les dettes d'autrui, le bon ordre demande qu'on commence par acquitter les siennes. Voulez-vous être un apôtre de la souffrance, surtout une victime spécialement immolée au Seigneur? Avant tout, purifiez votre âme de tout péché, et autant que vous le pourrez, préservez-vous de toute souillure même légère. La première condition pour exercer avec fruit l'apostolat de la souffrance, *c'est d'être pur*. Sans cette condition votre sacrifice ne saurait être agréable à Dieu. Plus vous aurez le cœur pur, plus vous attirerez sur votre offrande, quelque minime qu'elle soit, le regard de sa complaisance. Un chrétien est donc d'autant plus apte à devenir un apôtre de la souffrance, qu'il se présente devant Dieu avec un cœur plus pur, avec une âme plus dégagée de toute souillure.

Cette vérité est tellement évidente, que saint Paul, énumérant les qualités de la sainte victime qui a versé son sang pour nous sur le calvaire, s'écrie : « Il convenait que nous eussions un Pontife *saint, innocent, sans souillure, séparé des pécheurs..... Talis enim decebat ut nobis esset Pontifex, sanctus, innocens, impollutus, segregatus a peccatoribus ....* » (Hébr., 7.) Or, nous le demandons, s'il a fallu que Jésus-Christ, prêtre et victime pour le salut du genre humain, fût *saint, sanctus,* comment, si vous désirez être apôtre par la souffrance, c'est-à-dire travailler comme lui, par votre personnelle immolation, au salut de vos frères, pourriez-vous vous dispenser de cette première et essentielle qualité de toute victime, la *sainteté*? Plus vous possèderez de cette sainteté, c'est-à-dire plus vous aurez de conformité avec Jésus-Christ, la sainte victime, plus vous serez apte à l'apostolat de la souffrance.

Mais, de plus, nous dit saint Paul, notre Pontife a dû être *innocent, innocens.* La victime du monde est appelée l'*Agneau* de Dieu : *Agnus Dei.* Ce qui plaît le plus dans un agneau, c'est sa douceur et sa candeur. Le Fils de Dieu et de Marie a uni dans sa personne d'une manière ineffable ces deux touchantes qualités. Jérémie nous le dépeint comme un agneau plein de mansuétude que l'on conduit au sacrifice : *Ego quasi agnus mansuetus, qui portatur ad victimam.* (Jér., II.) C'est de lui que le Sage a dit : Il est la candeur de la lumière éternelle, le miroir sans tache de la majesté de Dieu, l'image fidèle de sa bonté : *Candor est enim lucis æternæ, speculum sine macula Dei majestatis et imago bonitatis illius* (Sap., VII). Voulez-vous, cher et pieux lecteur, être un apôtre de la souffrance, appliquez-vous à devenir un *agneau de mansuétude et de candeur* devant Dieu et devant les hommes. Soyez un agneau sous la main de Dieu, qui vous immole; laissez-vous sacrifier comme il l'entend, par les souffrances les plus aiguës, par les épreuves les plus pénibles, par les tribulations les plus répugnantes à la nature, et cela non pas seulement un jour, ni un mois, mais aussi longtemps qu'il plaira au Seigneur. S'il vous arrive de vous plaindre, que ce soit comme l'Agneau de Dieu, au jardin des Oliviers, quand il disait au plus fort de ses agonies : « Mon père, que ce calice s'éloigne de moi; cependant, que votre volonté soit faite et non la mienne : » *Fiat voluntas tua.* Alors vous serez un véritable apôtre de la souffrance, parce que vous serez un agneau plein de douceur. Vous apaiserez par votre mansuétude la colère de Dieu, irrité contre les pécheurs, qui sont des loups dévorants.

Mais si à cette douceur de l'agneau vous joignez la candeur, ce magnifique vêtement blanc, qui fait resplendir l'âme aux yeux de Dieu d'un éclat si pur; ah! alors vous serez une victime accomplie; vous aurez tout pouvoir sur le cœur de Dieu pour le faire incliner à la miséricorde envers les pauvres pécheurs, dont vous lui demandez le salut. Sans doute, les petits agneaux noirs sont aimables; mais ils ne sont pas blancs; et quelles que soient leurs autres qualités, cette qualité leur manque, et on aime à la trouver dans un agneau.

O profond et impénétrable mystère de la grâce! O souveraine indépendance des dons de Dieu! Il arrive quelquefois que des âmes qui n'ont pas toujours été fidèles, qui même ont eu le malheur d'offenser souvent et grièvement la divine Majesté, deviennent entre ses mains toutes-puissantes des apôtres de la souffrance, des victimes spéciales, en un mot, des instruments de salut plus efficaces que ne le sont d'autres âmes moins coupables qu'elles, mais qui ne secondent pas l'action ultérieure de la grâce avec le même amour ni le même dévouement. Il ne faut pas sonder les mystères du bon plaisir de Dieu. Dieu est le maître de ses dons, et l'Esprit souffle où il veut : *Spiritus ubi vult, spirat*. Toujours est-il, cependant, que les âmes qui ont eu le bonheur de se conserver toujours pures et innocentes sont naturellement et surnaturellement plus aptes à être unies au sacrifice de l'Homme-Dieu ; et c'est ordinairement parmi ces âmes saintes et pures que le Seigneur se plaît à prendre ces victimes de choix, dont il se sert pour le salut d'un grand nombre. Cependant nul n'est exclu de ce grand ministère, auquel l'humilité et l'amour ne sont pas moins nécessaires que la pureté.

O vous donc qui avez à gémir sur les fautes d'un passé que vous voudriez effacer de votre sang, ne vous découragez pas, ne vous croyez pas exclus de l'*apostolat de la souffrance*. Souvenez-vous de l'exemple de Magdeleine, de saint Pierre, de saint Paul, de saint Augustin et de tant d'autres qui, après une vie plus ou moins coupable, se sont entièrement livrés à la grâce et sont devenus des saints. Or, quand on est saint, on sauve des âmes, on continue l'œuvre réparatrice de Jésus-Christ, parce qu'on est intimement uni à sa croix par la douleur, et à son Cœur par l'amour. Mais la croix de Jésus-Christ n'est-elle pas l'instrument du salut du monde ? Et son divin Cœur n'en est-il le principe et la source intarissable ?

Saint Paul ajoute, en parlant de Jésus, notre

pontife et notre victime : « Il est sans souillure et séparé des pécheurs, » *impollutus, segregatus a peccatoribus*. Nous n'entrons pas dans le développement de ces qualités, qui ne sont que la conséquence des précédentes. Au reste, elles ressortiront assez de ce qui va être dit dans le chapitre suivant.

CHAPITRE VINGT-DEUXIÈME

CONTINUATION DU PRÉCÉDENT.

Afin de rendre plus pratique l'enseignement contenu dans le précédent chapitre, ajoutons en forme de résumé que les principales dispositions qui doivent se rencontrer dans les apôtres de la souffrance, surtout dans les victimes spéciales, sont :

1° *Esprit de foi* qui leur fasse croire fermement à la vertu infinie du sacrifice de Jésus-Christ, à la perpétuité de ce sacrifice non-seulement d'une manière non sanglante dans la très sainte Eucharistie, mais encore d'une manière souffrante et par conséquent sanglante dans les membres vivants de son corps mystique. O vous tous qui aspirez au glorieux titre d'apôtre de la souffrance, croyez fermement à ces vérités, croyez que le sacrifice des membres vivants de Jésus-Christ, uni à celui de leur divin Chef, a la vertu de contribuer non-seulement à leur propre salut, mais encore dans une certaine mesure à celui des autres. Croyez que plus on est étroitement uni à Jésus-Christ par la douleur et par l'amour, plus on participe à la vertu de son sacrifice, plus, par conséquent, on peut contribuer au salut et à la perfection des âmes. Enfin, quoiqu'il paraisse que vos souffrances n'obtiennent aucun résultat sensible en faveur de ceux pour qui vous les offrez, ne vous découragez pas. L'œuvre que vous avez entreprise est une œuvre de foi, dont les résultats ne sont souvent connus que de Dieu seul, mais qui n'en sont pas moins réels ni moins précieux.

2° *Esprit d'humilité.* Qu'avez-vous que vous n'ayez reçu? Si donc vous avez reçu, pourquoi vous glorifier comme si vous n'aviez pas reçu? *Quid autem habes quod non accepisti? Si autem accepisti, quid gloriaris quasi non acceperis?* (I Cor., IV.) C'est par la grâce de Dieu que je suis ce que je suis : *Gratia autem Dei sum id quod sum.* (I Cor., XV.) Ainsi parlait l'apôtre saint Paul. A son exemple, les apôtres de la souffrance, s'ils ne veulent pas voir leurs efforts paralysés, doivent fidèlement renvoyer à Dieu, qui en est l'auteur, l'hommage de tout le bien qui se trouve en eux, et que par sa grâce ils opèrent dans les autres. Oui, soyez-en bien convaincus, votre apostolat sera infructueux, si vous n'êtes pas *humbles*. Dieu ne voudra pas de votre offrande, si elle est entachée d'orgueil; s'il daigne l'accepter, ce ne sera qu'en partie, après en avoir retranché ce qui le dépare et le corrompt, comme vous faites vous-même d'un fruit en partie gâté; vous retranchez ce qui ne vaut rien, et vous profitez de ce qui est bon. Mais prenez garde que votre orgueil ne soit tel, qu'il vicie tout le fruit de vos travaux et de vos sacrifices. Ce serait souffrir en pure perte : or, après le péché, il n'y a rien de si triste au monde. Voulez-vous que vos peines et vos douleurs soient fécondes en fruits de grâces et de salut, souffrez en esprit d'humilité à l'exemple de la sainte Victime, qui, étant l'innocence même, courba humblement sa tête sous la main de la justice de son Père céleste. Souvenez-vous que de toutes les maximes de la vie spirituelle, la plus importante à retenir, quand on aspire à la perfection, à plus forte raison quand on désire contribuer au salut et à la perfection des âmes, est la maxime suivante : « Dieu résiste aux superbes, et il donne la grâce aux humbles : » *Deus superbis resistit, humilibus autem dat gratiam.* (I. Petr., v.)

C'est ce qui explique pourquoi, parmi tant d'âmes qui font profession de piété, il y en a si peu qui entrent profondément dans les voies de l'union divine. C'est que parmi ces âmes il y en a fort peu qui consentent à se quitter complétement elles-mêmes. C'est la barque toujours immobile au même point du rivage, où un lien la tient fortement attachée. Brisez ce lien, et la barque, c'està-dire votre âme, jusque-là captive, s'abandonnant au cours majestueux du fleuve, ira se perdre dans le vaste océan de la perfection : heureuse perte! Tant que vous n'aurez pas fait votre dernier sacrifice, celui de votre amour-propre, de votre vanité, de votre orgueil, cette faveur insigne, réservée aux humbles, vous sera refusée; et par conséquent vous ne serez jamais un parfait apôtre de la souffrance.

3° *Esprit de patience et de conformité à la sainte volonté de Dieu.* La souffrance n'a par elle-même rien d'aimable; tout en elle est pénible et fâcheux; aussi le premier mouvement de la nature, c'est de la repousser quand elle se présente. Comment se fait-il donc que les vrais serviteurs de Dieu aiment la souffrance? Le voici : c'est qu'ils la considèrent par *son côté divin, dans son caractère divin*, tel que nous l'avons exposé dans le cours de cet ouvrage. Comment, envisagée sous cet aspect, ne serait-elle point aimable, puisque par ce côté elle se présente à nos regards tout empourprée du sang de Jésus-Christ? C'est évidemment sous ces traits aimables et tout divins que saint André considérait la souffrance, quand s'adressant à la croix

où il allait être crucifié, il s'écriait : *O bona Crux!*
« O bonne Croix, » *bonne* non par la douleur
qu'elle me prépare; mais parce que cette douleur,
unie à celle de mon Jésus, me fournit le moyen
de lui témoigner mon amour. *Bonne* en ce que par
cette croix, comme par un chemin royal, je vais
monter au ciel et jouir éternellement de la vue de
mon Dieu. *O bona Crux!* O bonne Croix! Oui,
mille fois bonne pour vous, fervents apôtres de
la souffrance, à qui elle ouvre les portes du ciel,
et à qui elle fournit un si puissant moyen de l'ouvrir aux pauvres pécheurs. Donc, *patience et conformité à la sainte volonté de Dieu* dans toutes
les épreuves qu'il daigne nous envoyer. C'est lui
qui nous a choisis pour ses *victimes*, c'est à lui de
choisir notre croix et de nous l'imposer.

4° *Esprit d'amour. Ama, et fac quod vis*, disait
saint Augustin ; aimez, et faites ce que vous voulez.
Peut-on en moins de mots exprimer la puissance
et la fécondité de l'amour divin dans un cœur?
Aimez, et vous êtes en quelque sorte tout-puissant
sur le cœur de Dieu pour l'incliner vers vos désirs,
vers votre prière, vers votre souffrance. Votre
amour rendant votre volonté parfaitement conforme à la sienne, vous ne voulez que ce qu'il veut
et vous voulez tout ce qu'il veut. Est-il une disposition plus parfaite et plus propre à vous gagner
le cœur de Dieu? Que ne peut une Épouse tendre-

ment aimée sur le cœur de son époux? Que ne peut un enfant chéri sur le cœur de son père? Une âme qui aime d'un amour solide et tendre Notre-Seigneur Jésus-Christ, en est fortement et tendrement aimée. Et comme l'amour consiste dans la communication que deux cœurs se font de leurs biens réciproques, d'un côté cette âme se donne tout entière à Jésus, de l'autre Jésus se donne tout entière à cette âme, que son amour rend ainsi riche de Dieu et des trésors infinis de sa grâce. O âmes privilégiées que la douleur et l'amour ont si étroitement unies au Cœur sacré de Jésus! ah! ne vous faites pas faute de puiser largement dans cet abîme de tous les biens, des grâces abondantes pour vous, pour vos familles, pour vos amis, pour l'Église, pour le souverain Pontife, pour les justes, pour les pécheurs, en un mot, pour tous les hommes. La source dans laquelle vous puisez est inépuisable. En donnant toujours, Dieu demeure toujours ce qu'il est, c'est-à-dire l'*Infini*, l'*Immuable*.

5° *Esprit de zèle. Qui non zelat, non amat*, a dit encore saint Augustin; celui qui n'a point de zèle, n'a point d'amour. Comment peut-on dire qu'on aime Dieu, lorsqu'on se montre indifférent au salut éternel des âmes qui lui ont coûté si cher! Plus on aime Dieu, plus on montre de zèle pour sa gloire et pour le salut du prochain. Eh! quand donc, bien-aimé lecteur, les vrais amis de Dieu trouvèrent-ils plus de motifs de se livrer aux saintes ardeurs de ce zèle, qu'en ces temps calamiteux, où la sainte cause de Dieu et des âmes rencontre tant et de si acharnés ennemis! Oui, l'heure est venue, elle a déjà sonné, de déployer en faveur de cette sainte cause toutes les ressources que l'Esprit-Saint daigne mettre à notre disposition. Or, parmi ces ressources spirituelles il en est une qui ne le cède à aucune autre en efficacité, c'est l'*apostolat de la souffrance*. Exercez-le au sein de vos familles. Quelles que soient vos peines, vos tribulations, vos maladies, acceptez-les avec patience et offrez-les à Dieu en union avec les souffrances de Jésus-Christ, d'abord pour l'expiation de vos péchés, ensuite pour le salut de tous les membres de votre famille, parmi lesquels il y a peut-être plus d'un enfant prodigue. Exercez-le au sein de votre paroisse, âmes pieuses et ferventes, pour le salut de tous ceux qui la composent. Combien parmi eux ont besoin de conversion! Combien d'autres, maintenant dans la bonne voie, courent le danger d'en sortir et de se perdre! Offrez pour eux vos peines, vos travaux, vos privations, votre pauvreté, vos infirmités, vos maladies, et si Dieu vous appelle à lui, votre agonie et votre mort.

Et vous, prêtres dévoués, exercez l'*apostolat de la souffrance* par une vie humble, laborieuse, patiente, mortifiée. Offrez-vous souvent en victimes avec Jésus-Christ pour votre troupeau et pour toutes les âmes, surtout pour les plus délaissées. Faites cette offrande particulièrement au saint autel, et, pendant les précieux moments de l'action de grâce, alors que la sainte victime encore corporellement présente en vous comme dans un tabernacle vivant, communique par sa présence sacrée un plus grand prix à votre sacrifice. On a vu de saints prêtres, animés d'un grand esprit de foi, demander et obtenir de mourir immédiatement après avoir célébré la sainte messe, afin que le sacrifice de leur vie, uni à celui de l'Agneau sans tache présent en eux, fût plus agréable au Seigneur O heureuse mort! Mais ne nous contentons pas, vénérés confrères, d'exercer l'apostolat de la souffrance par nous-mêmes; exerçons-le aussi par les âmes confiées à nos soins. Enseignons à tant de fidèles qui souffrent et qui meurent sous nos yeux et comme entre nos bras, à souffrir et à mourir en *apôtres de la souffrance*, c'est-à-dire pour le salut des âmes, particulièrement pour la conversion des pécheurs de la paroisse, et pour les besoins actuels de l'Église et de la France.

Pasteurs dévoués, vous avez dans vos malades, dans vos agonisants, dans vos mourants une ressource inépuisable de salut qu'il vous est si facile d'exploiter pour le bien spirituel de vos paroisses;

ou, si vous êtes aumôniers, pour le bien spirituel de vos établissements, hospices, hôpitaux que vous desservez; ou, si vous êtes missionnaires, pour les contrées lointaines que vous fécondez de vos sueurs. Oui, disons avec un cœur d'apôtre à ces chers malades que nous visitons, à ces chers moribonds que nous assistons : Mon ami, souvenez-vous que Jésus-Christ a souffert et qu'il est mort pour vous sur la croix. Vous êtes un de ses membres souffrants, et en ce moment vous êtes avec lui sur la croix. Unissez-vous à ses souffrances et à sa mort et dites de tout votre cœur avec moi : O mon Sauveur Jésus! je vous offre mes souffrances et le sacrifice de ma vie pour l'expiation de mes péchés; pour le salut de tous les membres de ma famille; pour la conversion de tous les pécheurs de cette paroisse, de cet hôpital...; pour les besoins de la sainte Église catholique, dans le sein de laquelle je veux vivre et mourir; pour la France... O mon Jésus, miséricorde! Cœur agonisant de Jésus, ayez pitié des mourants! O Marie, refuge des pécheurs, priez pour moi!

Et vous enfin, fervents religieux, ferventes religieuses, exercez l'apostolat de la souffrance au sein de vos communautés. Offrez souvent à Dieu vos travaux, vos mortifications, vos privations, vos veilles, vos épreuves, vos maladies, votre agonie, votre mort pour le salut des âmes, pour le solide avancement dans les voies de la perfection de tous vos frères ou sœurs en religion, pour le triomphe de la sainte Église et du souverain Pontife, pour les besoins spirituels de la France et des autres nations catholiques, pour l'éducation catholique de la jeunesse, pour la complète extirpation des sociétés secrètes, qui font tant de mal à notre sainte religion et qui précipitent tant d'âmes en enfer. Exhortez vivement les personnes auprès desquelles vous exercez quelque ministère de zèle ou de charité, à supporter leurs souffrances avec patience et à les offrir à Dieu pour les mêmes fins...

Enfin, tous tant que nous sommes, membres vivants de Jésus-Christ, exerçons avec tout le zèle dont nous sommes capables ce salutaire *apostolat de la souffrance*. Croyons fermement qu'il y a dans les peines, les travaux, les maladies, les tribulations des membres vivants de Jésus-Christ, des trésors inappréciables de grâces enfouis et cachés. Exploitons-les avec un grand esprit de foi, d'humilité, de patience, d'amour et de zèle pour notre propre bien spirituel, et pour le salut et la perfection de nos frères en Jésus-Christ.

CHAPITRE VINGT-TROISIÈME

DIRECTION DE L'INTENTION DANS LA SOUFFRANCE.

L'apostolat de la souffrance est une espèce de sacerdoce intérieur et caché, dont les membres, reliés entre eux en Jésus-Christ, perpétuent son sacrifice de siècle en siècle jusqu'aux dernières générations. Entre cette sorte de sacerdoce secret et le sacerdoce proprement dit, il existe des analogies frappantes qui feront bien ressortir le sujet spécial de ce chapitre. Par la sainte ordination, le prêtre catholique a été *consacré* pour offrir à l'autel la sainte victime du Calvaire et perpétuer jusqu'à la consommation des siècles d'une manière non sanglante le sacrifice sanglant de la croix. L'apôtre de la souffrance, surtout s'il a reçu en qualité de *victime spéciale* la mission de souffrir, est, nous ne disons pas *consacré*, mais particulièrement *député* pour s'offrir lui-même en sacrifice sur l'autel de son propre cœur en union avec la sainte victime du Calvaire, et perpétuer ainsi d'une manière sanglante le sacrifice sanglant de la croix. Dans le prêtre il y a deux choses bien distinctes : le *pouvoir radical et l'exercice de ce pouvoir*. Le premier lui confère, avec le caractère sacerdotal, la faculté inaliénable de consacrer le corps et le sang du Seigneur. Ce pouvoir de caractère existe et existera toujours dans le prêtre indépendamment de sa volonté : *Tu es sacerdos in æternum*. Mais il n'en est pas de même de l'*exercice de ce pouvoir*. En effet, pour que le prêtre puisse en user d'une manière *valide*, c'est-à-dire, pour qu'il puisse efficacement et réellement changer au corps et au sang du Seigneur le pain et le vin placés devant lui, il faut qu'il ait non-seulement le *pouvoir*, mais encore l'*intention*, la *volonté* de *consacrer* ce pain et ce vin. Or, toutes proportions gardées, il existe une analogie frappante entre le prêtre qui consacre le corps du Seigneur et s'offre en sacrifice à Dieu le Père, et l'apôtre de la souffrance, membre vivant de Jésus-Christ, s'offrant lui-même en sacrifice en union avec le même Jésus-Christ.

En effet, dans le fidèle qui souffre pour une fin apostolique, il faut distinguer *son union avec Jésus victime*, et *l'exercice de cette union* pour le salut des âmes. Par l'une, il se sanctifie *lui*-même;

par l'autre il travaille à la sanctification et au salut de ses frères. Par l'une, Jésus vous comble de ses grâces ; par l'autre il les déverse par vous sur le prochain comme par un canal fécond. Sans doute, votre union avec Jésus-Christ suffit à votre perfection et à votre bonheur. Mais suffit-elle aux besoins sprituels de vos frères, si vous n'en profitez pas en leur faveur? Qu'importe tous les trésors du riche au pauvre indigent qui lui tend la main, si le riche garde tous ces trésors pour lui seul! Ainsi en est-il des trésors de grâces dont le céleste Époux vous a mis en possession à cause de votre intime union avec lui. Ainsi en est-il des flots de bénédictions dont il vous inonde. Voulez-vous que les pécheurs, c'est-à-dire les hommes les plus indigents qui soient au monde, participent à ces grâces, à ces bénédictions, que vous recevez, dirigez votre *intention* vers eux et vers leurs besoins spirituels. Votre *intention* sera comme le canal par lequel la grâce de la conversion arrivera jusqu'à eux, après que vous l'aurez obtenue par vos travaux bien supportés, par vos souffrances endurées avec patience et avec amour.

Ainsi donc, si vous voulez que vos peines, vos travaux, vos souffrances soient profitables à telles ou à telles personnes, à telles ou à telles communautés, à telles ou à telles nations…, ayez soin de formuler votre *intention*, en disant à Dieu, au moins de cœur : « O mon Dieu, je vous offre ces peines, ces travaux, ces souffrances pour le salut des âmes et en particulier pour telles personnes... » Ou bien : « O mon Sauveur Jésus, j'unis mes souffrances et travaux, à vos travaux et à vos souffrances. Je vous les offre très-humblement pour les fins et aux intentions pour lesquelles vous avez travaillé et souffert. Je vous les offre pour l'Église, pour le souverain Pontife, pour la France, pour les membres de ma famille, de cette paroisse (ou pour toute autre intention). » Renouvelez deux ou trois fois avec ferveur cette *intention* dans la journée, et cela suffit.

Nous ne voulons pas dire que Dieu, dans son infinie bonté et en considération de l'amitié qu'il porte à une âme fidèle, n'accorde, à l'insu de cette âme et sans attendre qu'elle lui en exprime l'intention, bien des faveurs à ceux qui lui sont unis par des liens particuliers. C'est ainsi qu'agit un père tendre et généreux envers les amis de ses enfants. Mais il n'est pas moins vrai de dire que pour ménager à ses serviteurs l'occasion d'un plus grand mérite, pour les associer à l'exercice de sa charité et de sa paternité spirituelle, et pour d'autres fins dignes de sa sagesse, Dieu veut ordinairement qu'ils interviennent par une coopération plus explicite dans la distribution de ses faveurs. C'est ainsi qu'une reine obtient par ses prières des bienfaits particuliers du roi son époux pour ceux de ses sujets qu'elle prend sous sa protection spéciale. Pour les uns, c'est une pension secrète; pour les autres, c'est la rémission ou la commutation d'une peine encourue. Prions donc et souffrons avec une *intention* de temps en temps exprimée et renouvelée. Prions et souffrons avec confiance, humilité et amour, et nous obtiendrons pour l'Église, pour la France, pour nous-mêmes et pour les autres une grande abondance de grâces et de bénédictions.

CHAPITRE VINGT-QUATRIÈME

DIVERSES PEINES OU ÉPREUVES QU'ENDURENT SURTOUT
LES VICTIMES SPÉCIALES.

Nos lecteurs nous sauront gré de placer ici le tableau abrégé des principales épreuves auxquelles peuvent se trouver exposés les apôtres de la souffrance, surtout s'il a plu au Seigneur de leur donner une mission spéciale de souffrir pour le salut des âmes. Parmi les peines qui nous arrivent, de quelque nature qu'elles soient, il n'en est aucune que nous ne puissions utiliser pour le bien spirituel du prochain. Il n'y a que le péché qui ne puisse pas être offert à Dieu pour quoi que ce soit, parce que dans le péché il n'y a que du mal. Tout le reste, même les peines provenant du péché, telles que le remords, le regret..., sont susceptibles d'être offerts à Dieu et d'être utilisés pour le salut des âmes.

Il existe donc deux sortes de peines ou souffrances

en ce monde : des souffrances physiques et des souffrances morales. Les premières ont leur siége ou leur cause dans le corps, les secondes ont leur siége dans l'âme. Les souffrances du corps, affectant directement la partie la moins noble de l'homme, sont, toutes choses égales d'ailleurs, moins profondes, moins cuisantes, moins méritoires. Les souffrances de l'âme, affectant directement la partie la plus noble de l'homme, sont de leur nature plus profondes, plus crucifiantes, plus méritoires.

I

Peines ou souffrances physiques.

Elles sont de mille sortes. Le péché originel en est la cause radicale et universelle. Leurs causes prochaines ou immédiates sont extérieures ou intérieures. Les premières sont : le froid, le chaud, les diverses intempéries des saisons ; les influences contagieuses ou malsaines de l'air ; les accidents de mille sortes provenant ou des causes naturelles, comme la chute imprévue d'un objet qui vous fracture un membre ; ou de causes volontaires, telles que les austérités que vous vous imposez librement dans un esprit de pénitence, telles que les coups que vous porte un vil malfaiteur... Les maladies, les infirmités, la faim, la soif, les privations de tous genres auxquelles exposent la pauvreté, l'indigence, les revers de fortune... Voilà, sans parler de tant d'autres, quelques-unes des nombreuses causes extérieures qui agissent sur le corps humain d'une manière fâcheuse, pour lui procurer de la peine, de la fatigue, de la douleur, de la souffrance, dont l'âme, unie au corps, ressent vivement le contre-coup.

Les causes intérieures qui déterminent les souffrances du corps proviennent du corps lui-même, de son organisation, de sa faiblesse native, de son tempérament plus ou moins sain ou débile; de l'excès de fatigue, du travail... Elles proviennent aussi des souffrances morales de l'âme qui, à cause du lien étroit qui l'unit au corps, lui communique les impressions de sa tristesse, de ses chagrins, de ses colères, de ses emportements, de toutes ses passions, et le rend ainsi participant de ses peines et de ses souffrances.

Ames chrétiennes, qui désirez être apôtres par la souffrance, accueillez les souffrances, les peines, les fatigues, quand elles se présentent, comme si Notre-Seigneur en personne venait à vous apparaître et vous les présentât de sa propre main. Elles sont, en effet, comme autant de parcelles précieuses de sa croix, dont il vous fait présent pour mieux vous témoigner son amour, en vous rendant plus semblables à lui. C'est ce qui explique pourquoi les saints ont tant aimé les souffrances corporelles, en particulier la *maladie*. On raconte de saint François de Borgia qu'un jour il en demandait une à Notre-Seigneur avec une ferveur extraordinaire. Un de ses compagnons jugeant à la ferveur de sa prière qu'il sollicitait quelque grande faveur, supplia à son tour le Seigneur de lui accorder la même grâce. Et voilà qu'une maladie violente s'abat sur lui et lui fait souffrir d'étranges douleurs. Comme il ne lui était pas venu en pensée que le saint demandât une telle épreuve, il conjura ce dernier de prier afin de lui obtenir sa délivrance. Ce que fit notre saint avec une grande charité. Peu de gens profitent de la maladie pour devenir meilleurs, dit l'auteur de l'*Imitation*: *Pauci ex infirmitate meliorantur*. Et cependant, de toutes les souffrances physiques, la maladie n'est-elle pas celle qui nous fournit le moyen le plus efficace de nous rapprocher de Dieu, et de nous unir étroitement à son divin Fils crucifié? Combien de pauvres pécheurs ont dû à la maladie et aux sérieuses réflexions qu'elle fait faire leur retour à Dieu, peut-être après une longue vie d'égarements! Combien de justes lui ont dû de devenir plus saints, plus patients, plus humbles, plus soumis à la sainte volonté de Dieu, plus détachés des choses de la terre et de la vie, pour n'aimer que Dieu seul et les choses de l'éternité!

Donc, qui que vous soyez et à quelque condition que vous apparteniez, accueillez la maladie quand elle arrive avec un grand esprit de foi, d'humilité, de résignation et d'amour. Vous attirerez les bénédictions du Ciel sur la famille, sur la communauté dont vous êtes membre. Et si ceux qui sont autour de vous ne comprennent pas comme ils le devraient, qu'un malade dans une maison, dans une communauté, est un membre souffrant de Jésus-Christ, et en quelque sorte Jésus-Christ lui-même, supportez avec patience cet oubli, ce manque de soins, cette mauvaise humeur, cette négligence, cette espèce d'abandon, en un mot, ces traitements si peu charitables et si indignes d'un chrétien, à plus forte raison d'un religieux. Autant vous gagnerez pour le bien de votre âme en cette circonstance pénible, autant celui ou celle qui sert si mal et de si mauvaise grâce le membre souffrant de Jésus-Christ, aura-t-il à se repentir de sa manière de procéder envers vous.

Oh! combien les supérieurs et supérieures de communauté doivent porter leur attention sur ce point important, et regarder comme une bénédiction du Seigneur lorsqu'il y a un malade dans leur maison, mais un malade patient, humble, résigné! combien, surtout, ils doivent avoir soin de l'exhorter par eux-mêmes et par d'autres à supporter cette maladie, cette infirmité, en esprit d'humilité, de résignation et d'amour; à s'offrir en sacrifice en union avec Jésus-Christ, pour le salut des âmes, pour les besoins actuels de l'Église et de la France, et en particulier pour le bien spirituel de chacun des membres de la communauté, et, si c'est une maison d'éducation, pour le salut éternel des élèves qui la composent! Et quand arrive le moment de la mort, ah! c'est alors surtout qu'il convient de les encourager, de les exhorter paternellement à offrir généreusement leur vie en union avec Jésus mourant pour le salut des âmes et pour les intentions que nous venons d'indiquer.

C'est ainsi que tous les saints fondateurs d'ordre ont voulu que leurs religieux profitassent de la maladie dans un esprit de zèle apostolique. Courage donc, chers malades, chers infirmes, cloués peut-être depuis longtemps sur un lit de douleur, ou réduits à une impuissance qui vous désole. Courage, vous êtes les membres souffrants de Jésus-Christ. Croyez-le fermement et pratiquement; vous avez la mission de continuer dans votre famille, dans votre communauté, dans votre monastère, le sacrifice de Jésus souffrant. Et vous, chers agonisants, vous avez la mission de perpétuer l'agonie de Jésus au jardin des Oliviers et sa mort sur la croix. — Oh! quelle mission sublime! D'autres sont appelés à prêcher, à enseigner, à se dévouer dans les hôpitaux au soin des malades, c'est-à-dire à perpétuer Jésus prêchant, enseignant, guérissant les infirmes. Pour vous, votre part, votre mission, c'est de souffrir, c'est de faire ce que Jésus, votre divin chef, a fait toute sa vie, depuis le berceau jusqu'à la tombe ; car, nous l'avons dit, Jésus n'a pas toujours prêché, il n'a pas toujours guéri les malades ; mais il a toujours prié et toujours souffert. Souffrez donc, puisqu'il le veut, en union avec lui, avec ses dispositions, avec ses intentions et pour les mêmes fins ; mêlez vos souffrances à ses souffrances ; tenez-vous étroitement unis à lui comme les membres à la tête et au cœur, comme les branches à la vigne, et votre souffrance et votre mort seront apostoliques, vous gagnerez des âmes, beaucoup d'âmes. Vous serez apôtre par la souffrance dans la maladie et dans la mort.

Nous avons connu un jeune religieux modèle d'abnégation et de toutes les vertus qui font les saints. Son nom était Charles Bertrand. Né dans un petit bourg du Velay, après avoir édifié par l'exemple de ses vertus les élèves du grand séminaire du Puy, il se présenta à Avignon, au noviciat des Jésuites, où après deux ans d'épreuves il prononça ses vœux de religion. Envoyé à Vals pour y achever sa théologie, il y fut, comme au noviciat, pour tous ses frères un modèle achevé de perfection religieuse, n'ayant qu'un reproche à se faire, celui de ne s'épargner en rien. Noble défaut des grandes âmes, ce fut le vôtre, frère bien-aimé; mais il ne paraît pas que Notre-Seigneur en ait été offensé, puisqu'il vous comblait de ses plus douces caresses, de ses grâces les plus choisies, et qu'après avoir achevé de purifier votre belle âme par neuf mois de maladie, que vous endurâtes avec une patience angélique, il daigna vous appeler auprès de lui dans le ciel, acceptant votre vie comme un sacrifice d'agréable odeur pour cette nombreuse communauté de frères, témoins de votre dernier soupir. Qui sait si l'œuvre admirable sortie de son sein et qui, à l'heure présente, couvre le monde de sa bénigne influence, nous voulons dire, *l'apostolat de la prière*, ne vous doit pas en partie son existence et sa merveilleuse propagation? *Apôtre de la souffrance*, n'avez-vous pas fécondé dans la douleur et dans la mort cet *apostolat suppliant*? Ah! du haut du ciel achevez votre tâche et soyez aussi l'ange protecteur de l'*apostolat de la souffrance*; bénissez cette œuvre, complément de la première, née sous l'inspiration du même souffle, sur cette même portion de terre, où la douce Vierge du Puy, Notre-Dame de France, se plaît à verser ses plus maternelles bénédictions.

II

Peines ou souffrances morales.

Elles sont de mille sortes, et, comme celles du corps, elles ont pour cause radicale et universelle le péché originel. Mais dans son infinie miséricorde le Seigneur daigne les faire servir, comme celles du corps, à notre bien véritable, c'est-à-dire à l'expiation de nos fautes, au progrès de notre perfection par la ressemblance parfaite qu'elles nous donnent avec Jésus-Christ, enfin à l'accroissement de nos mérites dans le temps et de notre gloire dans l'éternité.

Les peines ou souffrances morales ont pour siége l'âme elle-même. De là elles réagissent sur le corps. Les peines ou souffrances physiques ont pour siége ou pour cause le corps, et de là elles réagissent sur l'âme. Nous l'avons dit, l'âme étant supérieure au corps et plus noble que lui, les souffrances qui l'atteignent directement, c'est-à-dire qui ont leur siége en elle, lui sont beaucoup plus cuisantes. De là vient que, dans la vie spirituelle, on regarde les *peines intérieures* comme plus pénibles à supporter que les souffrances extérieures. De là aussi, pour le dire en passant, nous pouvons nous former quelque idée de l'intensité des douleurs de la sainte âme de Jésus au jardin des Oliviers, et même durant toute sa vie; car sa très-sainte âme a toujours souffert, et la croix a toujours été plantée dans son cœur très-aimant.

Les peines de l'âme, comme celles du corps, ont diverses causes, les unes extérieures, les autres intérieures. Les premières sont celles qui viennent du dehors. Ce sont tous les événements de la vie qui apportent la tristesse ou la perturbation dans l'âme, tels que perte des biens, des emplois, des honneurs, revers de fortune, abandon des amis, mort des parents, calamités publiques, révolutions, chagrins domestiques, etc. etc. Les causes intérieures sont celles qui résident dans l'âme elle-même et qui déterminent en elle mille craintes, mille tristesses, mille appréhensions, mille souffrances. Tant qu'elle est dans cette voie d'épreuves, l'âme humaine trouve en elle-même la cause immédiate de mille tribulations qui naissent de l'infirmité native de son intelligence, de sa volonté, de son cœur. Il y a, en effet, dans le tempérament des âmes, s'il est permis d'ainsi parler, comme dans le tempérament des corps certains côtés infirmes, qui déterminent des malaises, des maladies spirituelles. C'est ainsi que l'on rencontre des âmes faibles d'esprit et de volonté qui sont à elles-mêmes leur propre tourment par les difficultés qu'elles se créent, par les craintes qu'elles se procurent. Les fautes passées, et par conséquent, ou les remords, ou les regrets, les souvenirs amers, les affections déçues, les espérances trompées, l'avenir incertain, peut-être menaçant, sont aussi des causes qui jettent l'âme dans une tristesse plus ou moins profonde et déterminent en elle des souffrances morales variées à l'infini. L'apôtre de la souffrance qui veut faire servir à la gloire de Dieu et au salut du prochain ces souffrances de l'âme, doit les accueillir et les supporter avec les mêmes dispositions que Notre-Seigneur au jardin des Oliviers, quand il disait : « Mon âme est triste jusqu'à la mort, » *tristis est anima mea usque ad mortem;* ou sur la croix, quand il s'écriait : « Mon Dieu, mon Dieu, pourquoi m'avez-vous abandonné? *Deus, Deus meus, ut quid dereliquisti me?* C'est le meilleur moyen de les adoucir et même de les rendre efficaces pour son propre bien spirituel et pour celui des autres.

CHAPITRE VINGT-CINQUIÈME

DES PEINES INTÉRIEURES.

Quoique nous ayons parlé dans le précédent chapitre des peines ou souffrances de l'âme, nous croyons devoir, pour la consolation des âmes que Dieu éprouve d'une manière plus particulière, entrer dans quelques nouveaux développements, et traiter plus directement de ce qu'on appelle dans la vie spirituelle les *peines intérieures*. En tout temps, mais de nos jours plus que jamais peut-être, le prêtre directeur des consciences rencontre de ces âmes intérieurement éprouvées et qui portent la croix toujours plantée dans leur cœur. Comme cet état particulier de souffrances peut devenir, quand il est bien supporté, très-méritoire pour l'âme qui l'endure et très-salutaire à ceux pour lesquels elle l'endure, nous croyons utile d'en faire le sujet d'un chapitre spécial.

L'état d'une âme éprouvée par les *peines intérieures* telles que nous les entendons ici diffère de celui des âmes qui n'ont d'autres souffrances morales à endurer que celles auxquelles tout chrétien est sujet par cela même qu'il est homme, et que nous éprouvons tous, plus ou moins, selon les conditions plus ou moins pénibles où notre âme peut se rencontrer. Ce dernier état, en effet, ne sort pas du cours ordinaire des choses; car, étant donnés la nature humaine telle qu'elle est et les événements tels qu'ils sont, il est impossible que chaque homme, et par conséquent chaque chrétien, n'ait pas à souffrir des peines morales plus ou moins vives, plus ou moins prolongées. L'état des âmes éprouvées par les *peines intérieures*, comme nous l'entendons ici, est un état *surnaturel* où Dieu intervient d'une manière spéciale, premièrement, pour procurer à ces âmes de plus nombreuses et plus pénibles occasions de souffrir; secondement, pour leur accorder des grâces plus abondantes, afin que, supportant ces épreuves intérieures avec courage, elles puissent mériter davantage pour elles-mêmes et pour les autres, en s'unissant plus étroitement à la sainte âme de Jésus. Ainsi envisagé, cet état est de la part de Dieu une *faveur spéciale* qu'une âme doit estimer grandement et pour laquelle elle doit au Seigneur de vives actions de grâces. En effet, tout état, quelque pénible qu'il soit, où Dieu place une âme dans le dessein de lui communiquer un degré plus parfait d'amour et de ressemblance avec son divin Fils, doit être regardé comme une insigne faveur; or, nous ne connaissons pas dans la vie spirituelle d'état plus propre à procurer à l'âme un aussi grand bien que l'état d'épreuve dont nous parlons; car, s'il est vrai, comme personne n'en doute, que la souffrance bien supportée pour l'amour de Dieu soit le chemin le plus court et le plus sûr pour arriver à la perfection, à plus forte raison cela doit-il s'entendre des souffrances intérieures qui ont leur siége dans l'âme, et qui, par conséquent, toutes choses égales d'ailleurs, sont plus nobles et plus méritoires.

On peut, en effet, envisager ces *peines intérieures*, ou comme une *récompense* de la part de Dieu, ou comme un *châtiment*, ou comme une *opération particulière* au moyen de laquelle Dieu dégage de plus en plus l'âme de ses liens grossiers et terrestres pour la rendre plus surnaturelle et plus divine. Dans ces divers cas, les *peines intérieures* sont une *faveur insigne de la part de Dieu*. Et d'abord cela n'est pas douteux pour les cas où elles sont accordées comme *récompense*, ce qui a lieu souvent. En effet, il est écrit : « Parce « que vous étiez agréable à Dieu, il a fallu que la « tentation vous éprouvât : » *Quia acceptus eras*

Deo, necesse fuit ut tentatio probaret te (Tob., XII); ce sont les paroles de l'ange Raphaël à Tobie. Ailleurs il est dit en parlant du juste : « Dieu lui a « fourni l'occasion d'un grand combat, afin qu'il « eût la gloire de vaincre : » *Certamen forte dedit illi ut vinceret.* (Sap., x.)

A l'appui de ces oracles on pourrait apporter en témoignage un grand nombre d'exemples qui prouveraient jusqu'à l'évidence que ces sortes d'épreuves intérieures sont souvent accordées aux plus saintes âmes comme une récompense de leur fidélité, comme un moyen de s'unir plus intimement à Dieu et de contracter une plus parfaite ressemblance avec Jésus-Christ. Vous n'avez pour vous en convaincre qu'à lire la Vie des saints et des saintes que Dieu a plus spécialement conduits par ce douloureux chemin, et vous verrez qu'il en est ainsi. Que dis-je? Un grand nombre de ces âmes généreuses demandèrent à Dieu avec instance qu'il lui plût de les conduire, pour son amour, par cette voie hérissée d'épines et de toutes sortes de tribulations. Plusieurs d'entre eux obtinrent de Dieu cette grâce à un tel degré, que la pauvre nature humaine en frémit. Telles furent entre autres sainte Marie-Madeleine de Pazzi et sainte Catherine de Sienne, qui, s'étant offertes en victimes pour l'Église, endurèrent des peines intérieures incroyables.

Considérées comme *châtiment*, *les peines intérieures* sont encore une faveur insigne. En effet, il y a des châtiments qui sont l'indice et l'expression du plus tendre et plus ardent amour. Un père aime son fils plus que son serviteur. Or, combien de choses ne laisse-t-il point passer inaperçues dans ce dernier qu'il reprend sévèrement dans son fils? Ici revient la comparaison de l'arbre que le cultivateur taille avec le plus grand soin pour lui faire porter plus de fruit, tandis qu'il laisse l'arbre voisin avec toutes ses branches. Encore une fois, consultez la vie des saints, et voyez s'il n'est pas vrai que Dieu a souvent châtié par ces sortes de peines des âmes qui lui étaient très-chères, justement à cause du grand amour qu'il leur portait. Il se plaisait à jeter ces âmes bien-aimées dans ce purgatoire douloureux, pour les rapprocher de lui et se les unir plus intimement, alors que quelques fautes légères ou quelques habitudes imparfaites étaient venues contrarier cette union. Les scrupules, par exemple, qui sont une des peines intérieures les plus cuisantes et dont plusieurs de ces saintes âmes ont eu plus ou moins à souffrir, sont quelquefois un de ces châtiments que Dieu, à cause du grand amour qu'il leur porte, inflige à ses fidèles serviteurs pour les mettre dans une sorte de nécessité de se jeter dans ses bras. Or, qui ne voit qu'une pareille manière de procéder de la part de Dieu est une grande grâce, une faveur insigne? *Non fecit taliter omni nationi*. Non, Dieu n'accorde pas à toutes les âmes ces marques spéciales de sa prédilection.

Enfin, lorsque les peines intérieures sont envoyées à une âme comme pure épreuve, c'est-à-dire comme instrument destiné à *opérer surnaturellement* en elle un dépouillement de plus en plus parfait de tous les éléments terrestres, afin qu'elle puisse s'unir plus parfaitement à Dieu, il est évident qu'elles sont encore une faveur des plus précieuses, et une marque toute particulière de la prédilection du Seigneur. Elles sont un creuset d'une activité très-puissante, où l'âme s'épure en peu de temps comme l'or dans la fournaise. Car dans cet ordre de choses surnaturelles, comme dans l'ordre de la nature et de l'art humain, il y a des opérations diverses, des épreuves variées, que l'âme fidèle doit subir pour arriver à ce degré de perfection, où l'ouvrier divin veut faire parvenir son ouvrage sur le modèle et à la ressemblance de son divin Fils. Pour comprendre la nécessité de ces opérations mystérieuses dans les âmes que Dieu appelle à la perfection, il faut se rappeler que le péché originel a jeté la nature humaine dans un profond degré d'abaissement, d'infirmité et de dégradation. La grâce du saint baptême, en conférant à l'enfant le caractère de chrétien, et par conséquent d'enfant de Dieu et de membre de Jésus-Christ, enlève à l'homme cette tache originelle, mais il laisse subsister en lui un fonds de misères et de corruption qui sera, pour cet enfant devenu homme, la matière de perpétuels combats, et l'occasion d'exercer jusqu'à sa mort les plus belles vertus, surtout la patience. Donc, même après avoir reçu la grâce du saint baptême, l'homme conserve en lui-même, comme reste de sa déchéance originelle, une raison infirme, une volonté affaiblie, inclinée au mal, des sens dépravés, siége de la concupiscence et de passions toujours prêtes à se révolter contre la raison.

On conçoit par conséquent que Dieu, lorsqu'il veut contracter avec une âme une union plus substantielle et plus intime, fasse préalablement passer cette âme par des épreuves diverses, par des opérations successives, qui ont pour but de la purifier de plus en plus, et de la rendre plus apte à l'union divine. De là vient que ces épreuves sont ordinairement le prélude d'une communication plus abondante de lui-même et de ses grâces, que Dieu se propose de faire à l'âme en l'élevant à un plus haut degré de contemplation et d'union divine. Car ce n'est guère qu'à la condition d'avoir passé plus ou moins par ces pénibles opérations que l'âme peut espérer d'être élevée à un état si désirable. Sans doute Dieu est maître de ses dons, et d'un seul acte de sa volonté il peut élever tout d'un coup une âme des basses régions de la terre aux régions les plus sublimes du troisième ciel. Mais ce n'est point ainsi qu'il a coutume de procéder dans les voies ordinaires de sa Providence, toujours si pleine de sagesse et d'harmonie. Il prend l'homme tel qu'il est, tel que l'a fait le péché originel, tel que l'ont fait ses péchés actuels, et il travaille sur ce fonds ingrat comme le cultivateur sur une terre en friche, n'épargnant rien pour la rendre fertile, c'est-à-dire capable de recevoir la divine semence et de produire au centuple des fruits de vie éternelle. Pareil au laboureur qui, avant d'ensemencer son champ, commence par brûler ou arracher les ronces qui le couvrent, et à en remuer profondément la terre avec la charrue, le divin cultivateur des âmes, rencontrant sous sa main divine un champ stérile et ingrat, c'est-à-dire une âme chrétienne remplie de péchés et de défauts, une âme de religieux remplie d'imperfections et de misères, une âme de prêtre tiède et languissante, commence par opérer énergiquement sur cette âme en mettant le feu aux ronces et aux épines, c'est-à-dire à ses péchés et à ses défauts, à son amour désordonné des louanges, des vains honneurs, des aises et commodités d'une vie sensuelle et toute naturelle. Mais ce n'est point assez. Désirant élever cette âme, il ne se contente pas de la soustraire à l'influence corruptrice du péché... Il va plus avant. Il travaille sur le fonds même de la nature pour la purifier, la redresser, l'assouplir, lui infiltrer, s'il est permis d'ainsi parler, le suc vivifiant de la grâce; en un mot, pour la diviniser en Jésus-Christ et par Jésus-Christ. Il est des âmes en qui cette union avec Jésus-Christ s'élève par ces mystérieuses épurations à un tel degré de perfection, qu'elles sentent Jésus-Christ vivre en elles et elles en Jésus-Christ, et qu'en toute vérité elles peuvent dire avec saint Paul : « Je vis, ce n'est plus moi qui vis, c'est Jésus-Christ qui vit en moi : » *Vivo ego jam non ego; vivit vero in me Christus.*

Pour arriver à un degré quelconque de cette union plus intime avec Dieu, c'est-à-dire pour recevoir une communication plus spéciale et plus abondante de sa vie divine, il faut que l'âme passe ordinairement par ce creuset de la tribulation, par ce feu plus ou moins actif des souffrances intérieures qui l'épure et la rend apte à recevoir comme il convient l'action divine et ses divins effets. D'où il résulte que les *peines intérieures* sont un bienfait et un des moyens les plus énergiques de la vie spirituelle pour faire arriver l'âme à l'acquisition des vertus solides et à un degré élevé d'union avec Dieu, pourvu que cette âme ait soin de supporter ses peines avec patience, humilité et amour, en union avec Jésus-Christ, surtout avec les peines et souffrances intérieures de sa très-sainte âme. Hâtons-nous d'ajouter que si elle joint à ces dispositions un motif apostolique, c'est-à dire si elle endure ces tribulations intérieures pour le salut des âmes, elle trouvera un facile accès auprès de Dieu, et obtiendra par ce moyen plus que par aucun autre des grâces abondantes de salut et de perfection pour le prochain. D'ordinaire, Dieu se plaît à accorder à ces saintes âmes, ainsi éprouvées, des grâces de vie intérieure pour d'autres âmes sur qui il a quelque dessein de perfection. En un mot, nous croyons que les personnes les plus propres à exercer avec fruit *l'apostolat de la souffrance* sont celles que Dieu, pour les rendre plus semblables à son divin Fils, fait marcher par les voies des *peines intérieures*; à plus forte raison si ces peines, par leur intensité et leur continuité, deviennent une espèce d'agonie; ce qui peut avoir lieu et ce qui se réalise, en effet, dans plusieurs âmes à qui Dieu le Père veut donner un trait spécial de ressemblance avec son Fils agonisant. Nous allons parler de cet état particulier dans un des chapitres suivants, à cause de la grande utilité qui peut en résulter pour le salut et la perfection des âmes; mais afin de mieux le comprendre, parlons d'abord des agonies de la sainte âme de Jésus.

CHAPITRE VINGT-SIXIÈME

DES AGONIES DE LA SAINTE AME DE JÉSUS.

Notre-Seigneur Jésus-Christ, pendant les trente-trois ans de sa vie mortelle, a toujours été dans un état de victime ; sa sainte âme, principal siége de cette immolation, a été une âme toujours souffrante, toujours livrée à la désolation, toujours plus ou moins agonisante. Le grand amour qu'il portait à son Père lui faisait désirer très-ardemment de lui prouver cet amour par les plus grands sacrifices. Et comme nul ne pouvait imposer de bornes à ce désir de son cœur, il lui a donné une complète satisfaction, en se livrant tout entier à la *désolation*, en se rassasiant d'opprobres, *saturatus opprobriis*, en se plongeant tout entier dans les eaux sanglantes de ce baptême dont il désirait si ardemment d'être baptisé quand il disait : *Baptismo habeo baptizari : et quomodo coarctor usquedum perficiatur!* Enveloppés que nous sommes dans l'atmosphère glacée de ce siècle, nous avons de la peine à comprendre ces saints excès de l'amour de notre Dieu. Et cependant il en est ainsi, et c'est pourquoi nous ne croyons pas être téméraire de dire qu'il y a eu pour Jésus, non-seulement l'agonie du jardin des Oliviers, mais encore ce que nous ne craignons pas d'appeler l'*agonie continue* de toute sa vie mortelle. Toutefois, nous ne prétendons pas dire que la sainte âme de Jésus ait été pendant toute sa vie livrée à une aussi grande désolation qu'au jardin des Oliviers ; nous voulons dire seulement que cette désolation fut habituellement, ou presque habituellement assez intense, assez profonde pour mériter d'être appelée une sorte d'*agonie* prolongée, dont celle du jardin des Oliviers et du Calvaire fut comme la crise suprême portée à sa plus grande *intensité*.

Sur ce touchant sujet, nous lisons des pages bien remarquables dans un récent ouvrage publié avec approbation épiscopale, dans lequel une sainte religieuse raconte simplement ce qu'elle a entendu de la bouche même de Notre-Seigneur. La précision et l'élévation avec lesquelles cette humble fille du peuple, simple sœur converse, explique les dogmes les plus sublimes de notre sainte religion, ne permettent pas de mettre en doute ses affirmations sur l'article spécial que nous empruntons à ses écrits :

« Un soir du jeudi saint, raconte cette fidèle servante du sacré Cœur de Jésus (1), je me mis à genoux pour dire à Dieu ma prière, mais je ne pus prier. Le souvenir de la passion de mon Sauveur était dans mon esprit. J'éprouvai en moi comme un attrait irrésistible à suivre Jésus et à prier avec lui avant sa passion. Je le vis séparé de ses apôtres, à l'écart, la face contre terre, et je l'entendis s'écrier : « Mon Dieu ! que ce calice passe loin de moi, néanmoins que votre volonté soit faite et non la mienne. » Je m'approchai de Jésus pour essuyer la sueur qui coulait de son front avec abondance : « Vous venez à moi, ma fille, me dit-il, alors que tous m'abandonnent; je vous remercie. — Seigneur, lui dis-je, combien grande est votre douleur! — Ma fille, vous ne pouvez la comprendre. J'éprouve en ce moment toutes les souffrances de ma passion, et les chrétiens pieux qui gardent souvenir de ce que j'éprouve à cette heure m'honorent par leur vénération pour ce qu'ils appellent l'agonie des Oliviers.

« Le Fils de l'Homme, ma fille, a eu plusieurs agonies. Savez-vous, en effet, ce que c'est qu'une agonie? L'agonie est l'abaissement considérable de la vie et le combat d'un être vivant contre la mort qui va le frapper. Vous allez comprendre

(1) *La Vie et les Œuvres de Marie Lataste*, ouvrage approuvé par Mgr l'évêque d'Aire.

alors comment il a pu y avoir en moi plusieurs agonies.

« La première a eu lieu au moment de ma conception; la seconde, dans le sein de ma mère; la troisième, au jour de ma naissance; la quatrième, au jardin des Oliviers; la cinquième, sur la croix.

« Ma première agonie a eu lieu au moment de ma conception. Avant la conception, je ne possédais que la vie divine. J'étais Fils de Dieu, Verbe éternel. Mais j'avais fait entendre ma voix à mon Père : « Voici que je viens ! » et je vins à Dieu mon Père, non plus seulement par le retour de ma personne divine à lui-même, dans son sein, mais par l'abaissement de ma divinité, de ma vie divine, que j'enfermai dans l'humanité que je pris dans le sein de Marie. C'était là un abaissement que votre esprit ne comprendra jamais. Il y eut lutte entre ma vie divine et la vie humaine que j'allais prendre; c'était l'agonie véritable de ma vie divine; car, ma fille, un tel abaissement était une véritable agonie, non point capable de me ravir ma divinité, mais capable d'anéantir mon humanité, si ma puissance divine n'eût donné à mon humanité la force de recevoir et de s'unir à ma divinité.

« Ma seconde agonie se fit dans le sein de ma mère. Dans le sein éternel de mon Père céleste, j'étais environné de sa gloire; je lui reflétais éternellement cette gloire; j'étais Dieu en Dieu, Dieu distinct de Dieu et Dieu uni à Dieu, Dieu engendré éternellement par Dieu et Dieu vivant éternellement en Dieu. Mais, dans le sein de Marie, j'ai dû abaisser, voiler et presque anéantir ma gloire de l'éternité. Je possédais en Dieu une vie divine et glorieuse; je possédais en Marie une vie obscure, inconnue et passible. Ma gloire comme Dieu ne peut disparaître, ne peut être anéantie; ma vie divine ne peut m'être enlevée, parce que je cesserais d'être; mais unir cette vie à la vie de l'humanité, conserver cette vie avec la vie de l'humanité, c'est l'abaisser et l'anéantir autant qu'elle puisse l'être, c'est la constituer en état d'agonie jusqu'au jour où mon humanité résidera pleine de gloire dans le sein de la Divinité.

« Ces deux agonies ne sont point deux agonies véritables, parce qu'elles regardent spécialement en premier lieu ma divinité; je vous les ai fait connaître, afin que vous y arrêtiez quelquefois votre esprit, et que, devant l'abaissement et l'humilité de ma divinité, vous appreniez à vous abaisser et vous humilier vous-même.

« Ma troisième agonie a commencé au jour de ma naissance. Ma vie, en effet, devait être une expiation, une souffrance continuelle qui devait se terminer par ma mort. Or, ma vie s'est passée toujours dans la souffrance, et chaque jour ma souffrance me rapprochait de ma mort. Je naquis dans la pauvreté ; huit jours après ma naissance, je commençai à répandre mon sang ; quarante jours après, je m'offris comme victime ; plus tard, je dus fuir pour éviter la colère des rois de la terre. Je travaillai ensuite avec Marie et Joseph dans notre demeure de Nazareth ; je jeûnai quarante jours dans le désert ; pendant trois ans, je me fatiguai à évangéliser les pauvres, à guérir les malades, à instruire mes apôtres, et cela pour préparer d'une manière plus prochaine ma mort sur l'arbre de la Croix.

« J'ai vécu trente-trois ans comme une victime préparée pour la mort, attendant la mort, désirant même la mort pour le salut des hommes.

« L'état dans lequel je me montre à vous à cette heure est l'état de ma quatrième agonie. Ma divinité me montre tous les tourments de ma passion, tous les crimes des hommes à expier, l'expiation de ces crimes, inutile pour un nombre immense parce qu'ils n'en voudront point profiter, et cette vue m'arracherait la vie, si je ne la retenais pour éprouver la réalité des supplices qui me sont destinés par la justice de mon Père.

« Enfin, ma fille, une cinquième et dernière agonie est celle de la Croix. Les hommes avaient épuisé sur moi toute leur cruauté ; ils m'avaient cloué sur la croix, abreuvé de fiel et de vinaigre ; le sang de mes veines était presque tout répandu ;

les prophéties étaient accomplies; je poussai un grand cri et remis mon esprit entre les mains de mon Père. »

Nous ne croyons pas nécessaire, après ce qu'on vient de lire, d'insister davantage sur les douleurs, sur les *agonies continues* de la sainte âme de Jésus durant les trente-trois ans de sa vie mortelle. Notre divin Sauveur ayant toujours souffert, il ne faut donc pas s'étonner qu'il appelle certaines âmes à le suivre d'aussi près que possible dans cette voie douloureuse des tribulations, des *agonies continues*. Autant la vie de ces âmes privilégiées est pleine d'angoisse et d'amertume, autant elle est remplie des grâces les plus abondantes et des dons les plus précieux. Dieu s'en sert ordinairement pour des missions saintes et très-importantes, se rapportant à l'économie générale de la rédemption, au bien général de l'Église, au salut et à la perfection des âmes sur des proportions très-étendues. Enfin, si elles sont fidèles à leur mission jusqu'au bout, ces âmes chéries de Dieu et de Jésus son divin Fils, occuperont dans le ciel des places d'honneur et brilleront d'un éclat incomparable. Mais ce qui leur sera une immense félicité, ce sera la douceur divine, la suavité ineffable qui remplacera pendant toute l'éternité dans ces âmes l'amertume profonde dont elles furent continuellement abreuvées sur la terre.

CHAPITRE VINGT-SEPTIÈME

DES AGONIES DE QUELQUES AMES QUE JÉSUS-CHRIST ASSOCIE PLUS SPÉCIALEMENT A SA VIE AGONISANTE ET CRUCIFIÉE.

Ce que nous allons dire dans ce chapitre trouvera son application dans un certain nombre d'âmes ferventes que Notre-Seigneur associe d'une manière toute spéciale aux agonies intérieures auxquelles sa sainte âme fut livrée pendant toute sa vie mortelle, surtout au jardin des Oliviers et sur la croix. Cet état d'agonie de l'âme est, en effet, un état exceptionnel dans la vie spirituelle; et doit être regardée comme l'effet d'une permission toute particulière de Dieu. On peut même dire que ces sortes d'états de peines intérieures extraordinaires correspondent aux états extraordinaires d'amour divin, d'union divine, que les maîtres de la vie spirituelle assignent comme autant de degrés élevés de perfection. En effet, la perfection consiste dans l'union avec Dieu par la charité; cette perfection est d'autant plus grande que cette union est plus étroite et plus parfaite. Or Dieu visite l'âme ou s'unit à l'âme, de deux manières, dit l'auteur de l'*Imitation de Jésus-Christ*, savoir : par la consolation et par la désolation. Dans le premier cas, l'âme est joyeuse, elle tressaille sous l'impression de sa félicité sentie; son amour pour Dieu est alors un *amour consolé*, et l'union qui en résulte est par conséquent aussi une *union consolée*. Mais dans le second cas, c'est-à-dire quand Dieu visite l'âme par la désolation, l'âme est triste, elle souffre sous l'impression de l'épreuve patiemment acceptée, mais profondément sentie; son amour pour Dieu est alors un amour très-réel, mais un *amour désolé*, et l'union qui en résulte est par conséquent aussi une union très-réelle, mais une *union désolée*.

Nous ne voulons pas dire que cette union, quelque *désolée* qu'elle soit, ne soit pas, au fond, une union heureuse; mais ce bonheur ne se fait alors sentir que par un fonds de paix et de patience inaltérable, qui tient l'âme en équilibre malgré la désolation qui l'agite, comme le fond du vaisseau demeure à peu près immobile malgré l'agitation de ses mâts et de ses cordages sous l'action d'un vent impétueux qui les fait mouvoir en tout sens. C'est ainsi que la sainte âme de Notre-Seigneur, modèle admirable des âmes éprouvées, goûtait le bonheur de la vision intuitive et de l'union béatifique, et cependant était livrée par la partie inférieure d'elle-même à la plus grande désolation, à la plus amère tristesse, aux impressions de la plus mortelle agonie. De même donc que dans l'exercice de ce que nous appelons l'*union consolée*, plus cette union est intime et parfaite, plus la consolation qui en résulte est suave et parfaite; ainsi, dans l'exercice de ce que nous appelons l'*union désolée*, plus cette union est intime et parfaite, plus la désolation qui l'accompagne est amère et affligeante. La raison en est bien simple : c'est que dans le premier cas, Jésus-Christ unit l'âme à ses joies; dans le second, il l'unit à ses peines. Dans le premier cas, il se manifeste à l'âme comme source de toute consolation; dans le second, il se révèle à l'âme comme abîme de désolation, comme homme de douleur, en un mot, comme victime. Dans le premier cas, tout sentiment de tristesse disparaît de l'âme; elle se livre tout entière à la joie de puiser la vie divine aux sources du Sauveur : *Haurietis aquas in gaudio de fontibus Salvatoris*; dans le second, quoique l'âme soit radicalement heureuse, puisqu'elle est unie à Dieu, néanmoins, comme cette union s'effectue alors surtout avec les douleurs de la sainte victime du Calvaire, l'âme est tout entière livrée à la désolation et plongée dans la plus amère tristesse, comme Jésus agonisant.

Si vous nous demandez, cher lecteur, lequel de ces deux états d'âme vaut le mieux, la réponse est facile. De tous les états où les membres de Jésus-Christ peuvent se trouver dans les voies de la vie spirituelle, le plus parfait et par conséquent le plus désirable est celui qui communique à l'âme une plus parfaite ressemblance avec son divin chef pendant qu'il était sur la terre. Or, nous venons de le dire, la vie de Jésus-Christ sur la terre a été une vie toujours souffrante, toujours plus ou moins agonisante. Celui-là donc ressemble le plus au Sauveur Jésus, qui est le plus intimement associé par amour à sa continuelle agonie. Ici encore, cher lecteur, vous nous arrêtez, et nous dites : Peut-il donc se rencontrer des âmes que Notre-Seigneur tient ainsi dans ce continuel état d'agonie? Si vous prenez ce mot dans sa dernière expression de souffrance et de désolation, nous répondons : Non, Notre-Seigneur ne permet pas qu'une âme soit continuellement désolée de la sorte; mais ce qu'il permet, c'est qu'une âme, sans être habituellement réduite à cette extrémité désolante, le soit par intervalles plus ou moins rapprochés, et, en outre, qu'elle ne soit presque jamais sans quelque croix intérieure plus ou moins lourde à porter. Ces exemples se rencontrent, et lorsqu'un directeur de consciences se voit en présence d'une de ces âmes que Notre-Seigneur tient dans cet état d'immolation, il peut se dire, sans crainte de se tromper : Je suis en présence d'une âme que Notre-Seigneur aime tendrement, en qui il a résolu de reproduire une vivante image de lui-même, de sa vie crucifiée. Je donnerai donc mes soins à cette âme, afin qu'elle réponde pleinement aux desseins de son Dieu, et que les âmes qu'il a résolu d'attirer par elle au salut et à la perfection ne soient pas privées de ce puissant secours. Car ce n'est jamais pour elle seule que Dieu place une âme dans ces heureuses conditions, et la parole de sainte Thérèse trouve en cette âme sa parfaite application :

« Je suis persuadée que celui qui fait ses efforts pour arriver au comble de la perfection (et l'état dont nous parlons est la voie la plus courte pour y arriver) n'ira pas seul au ciel, mais que Dieu lui donnera, comme à un vaillant capitaine, des soldats qui marcheront sous sa conduite. »

O âmes privilégiées à qui Dieu le Père se plaît à donner un trait de ressemblance si parfait avec son Fils agonisant, estimez-vous très-heureuses, bénissez le Seigneur de cette faveur insigne, plus grande qu'aucune de celles que le Seigneur a coutume d'accorder à ses meilleurs amis. Ne vous laissez pas gagner par le découragement qui se présentera peut-être à la porte de votre cœur avec cette parole : La croix m'accable; je n'en veux plus. Un tel langage ne viendrait pas de Dieu, mais de votre ennemi, c'est-à-dire du démon, jaloux de vous voir si favorisées, ou bien de votre nature cédant à une funeste impression de faiblesse ou de lassitude. Recourez alors à Celui qui vous a chargé de cette croix, et dites-lui : O mon doux Jésus, je ne refuse pas votre croix, je ne refuse pas la part que vous me donnez à votre calice amer. Mais, Seigneur, vous connaissez ma faiblesse; aidez-moi, soutenez-moi, fortifiez-moi, afin que non-seulement je ne succombe pas sous le poids de ma croix, mais que je la porte à votre suite avec courage et persévérance jusqu'au sommet du Calvaire, pour y être crucifié et y mourir avec vous pour le salut des âmes pour lesquelles vous avez versé jusqu'à la dernière goutte de votre sang. Ainsi soit-il.

CHAPITRE VINGT-HUITIÈME

EXERCICES ET FORMULES DE L'APOSTOLAT DE LA SOUFFRANCE.

Il nous reste à vous exposer maintenant, cher et pieux lecteur, quelques moyens pratiques de réduire en acte cet *apostolat*, dont nous venons de vous montrer la nature, l'excellence, les avantages, les conditions.... Nous ne pensons pas, en effet, que vous soyez du nombre de ceux qui lisent et qui ne font pas. Nous croirions vous faire injure. De quoi vous servirait-il d'avoir lu toutes les pages de ce livre, si vous n'en retiriez d'autre profit que celui d'une vaine curiosité satisfaite?

Nous allons donc, pour répondre au désir de votre piété et de votre zèle, vous offrir divers *exercices* et diverses *formules*, au moyen desquels il vous sera facile, avec l'aide de Dieu, de réduire en pratique l'*apostolat de la souffrance*.

Dans les exercices, ou, si vous préférez, dans la

mise en œuvre de l'*apostolat de la souffrance*, il faut considérer trois choses, savoir : la *matière*, la *manière*, le *but*; la matière, c'est-à-dire les souffrances que l'on offre ; la manière, c'est-à-dire la forme ou le mode de les offrir ; le but, c'est-à-dire les diverses fins pour lesquelles on les offre.

La *matière* des exercices de l'*apostolat de la souffrance*, ce sont nos travaux, nos peines, nos mortifications volontaires, nos humiliations, nos tristesses, nos maladies, nos infirmités, nos privations, nos souffrances et tribulations de tous genres, qui nous arrivent par la permission de Dieu, soit que nous les ayons demandées, ou non ; c'est enfin le sacrifice de notre vie.

La *manière* ou forme de ces exercices, c'est le mode que nous adoptons pour offrir à Dieu nos souffrances, c'est-à-dire par *simple offrande* sans engagement, où par *offrande* accompagnée d'un engagement, c'est-à-dire *d'un vœu*, ou bien encore *en association*, ou d'une manière *individuelle*.

Le *but* c'est l'*intention générale* ou *particulière* qu'on se propose, c'est ce qu'on désire obtenir par l'offrande de ses souffrances. Cette intention varie selon les attraits de chacun. Mais pour qu'elle se rapporte à l'*apostolat de la souffrance*, il faut que d'une manière ou d'une autre cette intention ait pour objet le *salut ou la perfection des âmes.* Or on peut se proposer, en souffrant, le bien spirituel d'une âme ou de plusieurs, le bien spirituel d'une famille ou d'une communauté, d'une paroisse, d'un diocèse, d'un royaume, de la France, par exemple, qui en a tant besoin, enfin de l'Église tout entière et de toutes les nations. Cependant, tout en embrassant l'Église et le monde entier dans les intentions de son zèle, il est utile et ordinairement nécessaire, si on ne veut pas se perdre dans le vague, de préciser quelque objet particulier, sur lequel l'intention puisse se fixer de préférence, selon l'attrait de l'Esprit-Saint. Cet objet peut être non-seulement telles âmes à convertir ou à sanctifier, mais encore tels besoins spirituels et particuliers des individus, des familles, des communautés, des paroisses, des diocèses, des nations, de l'Église, auxquels il importe de pourvoir le plus tôt possible et d'une manière efficace. Le chrétien zélé et intelligent découvre aisément dans les circonstances calamiteuses des temps présents un grand nombre de ces besoins pressants auxquels il est urgent de subvenir par le concours de la prière, de la souffrance et de tous les autres moyens que suggère au cœur du chrétien dévoué le désir ardent de la gloire de Dieu et du salut des âmes.

Une des intentions qui méritent le plus d'exciter votre religieuse sollicitude, cher lecteur, c'est la *situation actuelle de l'Église* et du *souverain Pontife*, contre lequel l'impiété dirige depuis quelques années ses attaques les plus acharnées. Demandez avec instance au Seigneur l'*humiliation* des ennemis de l'Église et du Saint-Siége. Demandez-lui, par conséquent, l'*extirpation des sociétés secrètes*, de la franc-maçonnerie (1) et autres *associations anticatholiques* qui, sous différents noms, se proposent toutes pour fin la ruine du catholicisme et la complète destruction du règne de Jésus-Christ sur la terre. De toutes les causes de scandale des temps actuels, celle-ci est la plus redoutable, et déjà une multitude d'âmes, ou vivant encore en ce monde, ou plongées au fond des enfers, en ont été les tristes victimes. Nous signalons au zèle des apôtres de la souffrance cette grave plaie des temps présents. Si, par leurs prières et par leurs souffrances, ils parviennent à la fermer ou à l'empêcher de s'accroître, ils auront contribué par ce seul fait au salut d'un grand nombre d'âmes qui auraient trouvé dans ces sociétés leur ruine éternelle.

Nous signalons aussi au zèle des apôtres de la souffrance l'*éducation catholique des jeunes générations*, qui sont l'espoir de l'avenir....; la *sanc-*

(1) Le souverain Pontife Pie IX vient de renouveler contre cette association impie les condamnations prononcées par ses prédécesseurs.

tification des prêtres, qui sont les conducteurs des peuples dans la voie du salut éternel; la *sanctification des religieux et des religieuses*, qui ont pour le salut de ces mêmes peuples une si importante mission à remplir. Nous signalons enfin les *besoins religieux de la France*, qui peut contribuer si efficacement au triomphe de notre sainte religion, quand elle se montre fidèle à sa mission de fille aînée de l'Église.

Il est assurément d'autres nécessités importantes auxquelles il n'est pas moins urgent de subvenir. A vous, cher lecteur, de fixer votre choix selon l'attrait que la grâce vous communique et de bien déterminer vos intentions. Cela fait, il n'y a plus qu'à formuler et à présenter à Dieu votre offrande. Mais afin qu'elle soit agréable à ses yeux, il faut l'unir à celle que son divin Fils lui a faite de ses propres souffrances et de sa vie. Car il est la *victime unique et par excellence*, et ce n'est que par elle que nos sacrifices peuvent avoir une valeur devant Dieu. Plus nous aurons soin d'unir et en quelque sorte d'identifier notre offrande à celle de cette sainte victime, plus nous serons agréables au Père et plus nous serons assurés d'obtenir ses bénédictions. Pénétrons-nous donc d'un grand esprit de foi, et avant d'entrer dans cette noble carrière de l'*apostolat de la souffrance*, prenons notre Seigneur et Sauveur Jésus-

Christ pour chef et pour modèle. De droit il est l'un et l'autre; et c'est en vain que nous souffririons si nos souffrances n'obtenaient pas son agrément et n'étaient pas marquées au sceau de sa divine ressemblance. Unissons-nous donc au sacrifice de Jésus; unissons-nous aux dispositions et aux fins de ce sacrifice, et notre offrande sera parfaite et dans toutes les conditions voulues pour atteindre pleinement le but de *l'apostolat de la souffrance*, qui n'est autre que le salut et la perfection des âmes pour la plus grande gloire de Dieu et de Jésus, son très-aimable Fils.

Sachons donc, pour en venir à la pratique, qu'à l'exemple de ce divin Agneau immolé pour le salut du monde, le chrétien fervent qui désire être victime avec Jésus pour le salut de ses frères, peut, à cette intention, faire, *chaque jour*, à Dieu, *trois offrandes,* qui seront d'un grand prix à ses yeux. Premièrement, *l'offrande de ses souffrances présentes*; secondement, *l'offrande de ses souffrances à venir, jointe à la demande d'une vie de sacrifice* conforme à celle de Jésus-Christ; troisièmement, *l'offrande de sa vie.*

Offrande quotidienne des souffrances du jour présent.

Chaque jour nous apporte avec une nouvelle portion de vie une nouvelle portion de peines, de travaux, de sollicitudes, de tribulations auxquelles viennent souvent s'ajouter les maladies, les revers, les accidents, les épreuves de tous genres. Il en résulte pour nous la fatigue, l'ennui, le chagrin, la tristesse, la douleur, en un mot, la *souffrance*. Or c'est cette portion de *souffrances quotidiennes* que nous vous invitons, cher lecteur, à utiliser pour les besoins *quotidiens* des âmes, en en faisant *chaque jour l'offrande* à Dieu pour leur salut éternel. Notre-Seigneur Jésus-Christ ne manqua pas un seul jour de sa vie de faire à son Père l'offrande de ses *souffrances quotidiennes* pour le salut du genre humain. Imitons son exemple, unissons notre offrande quotidienne à son offrande de tous les jours, et nous gagnerons des âmes avec lui et par lui. Nous lisons dans la Vie de sainte Marie-Madeleine de Pazzi, qu'un jour Notre-Seigneur lui adressa la recommandation suivante : « Tu continueras à déposer sur l'autel de mon cœur, en union avec les fidèles, qui sont les membres de mon corps mystique, l'oblation journalière de tous tes actes intérieurs et de toutes tes actions. » Il suit de là que cette oblation de chaque jour est très-agréable au bon Maître, et qu'elle était une des pratiques assidues de sa fidèle servante. Adoptons-la nous-mêmes, et à notre tour nous serons, par ce moyen, très-agréables à Notre-Seigneur.

Offrande quotidienne des souffrances à venir.

Offrir à Dieu les souffrances du *jour présent* est un sacrifice agréable à Dieu. Y joindre l'offrande anticipée de toutes les souffrances des *jours à venir*, c'est-à-dire de *toute sa vie*, est un sacrifice qui ajoute un nouveau prix à celui du premier. Cette seconde offrande peut être envisagée de deux manières : ou comme *simple offrande* de tout ce que vous aurez à souffrir dans le cours de votre vie, ou comme *offrande* et *demande* tout à la fois de ces mêmes souffrances et de toutes les autres qu'il plaira à Dieu d'y ajouter. Notre-Seigneur Jésus-Christ n'a cessé, tous les jours de sa vie mortelle, de faire cette offrande et cette demande. Il a *offert d'avance* toutes les peines et croix qui devaient lui survenir; et *il a demandé instamment ces peines et toute une vie de douleurs et de sacrifices*. Ne manquez pas de faire chaque jour votre offrande dans le premier sens, c'est-à-dire acceptez d'avance avec résignation et amour toutes les peines et toutes les croix qu'il plaira à Dieu de vous envoyer dans tout le cours de votre vie, et faites-lui-en hommage pour le salut des âmes. Quoi qu'il arrive, cette offrande ainsi renouvelée tous les jours sera très-méritoire pour vous et très-utile pour le bien spirituel de vos frères en Jésus-Christ. Mais si vous vous en sentez l'attrait et le courage, ne vous contentez pas de cette première offrande. Joignez-y la seconde, c'est-à-dire *demandez* à Dieu, si c'est son bon plaisir, de vous faire marcher de préférence, autant que cela vous sera possible, par le *chemin de la croix*, c'est-à-dire par la *voie* des *peines* et des *souffrances*, à la suite de Jésus portant sa croix, non-seulement sur le Calvaire, mais tous les jours de sa vie. Cette offrande et cette demande sont très-agréables à Dieu. Elles correspondent à l'offrande généreuse que Notre-Seigneur fit de tout lui-même à son Père, le suppliant avec une grande ferveur de l'accepter *pour victime* et de faire tomber sur lui seul les châtiments qui nous étaient dus à cause de nos péchés. Par cette offrande et cette demande vous ne contractez aucun engagement nouveau; c'est une disposition du cœur très-parfaite que vous manifestez à Dieu, et une prière fervente que vous faites monter vers lui pour qu'il daigne vous faire part de la croix de son Fils bien-aimé, en vous associant à son titre et à sa fonction de victime. Ordinairement, quand cette prière est sincère et provoquée dans l'âme par un mouvement de l'Esprit-Saint et non par le téméraire élan d'une ferveur indiscrète, Dieu l'exauce à cause de l'ardent désir qu'il a de sauver les âmes et de voir l'image chérie de son Fils crucifié se reproduire et se perpétuer dans ses membres vivants.

FORMULE
de l'offrande quotidienne des souffrances présentes et futures.

O mon Dieu, je vous offre mes peines, mes travaux, mes souffrances d'aujourd'hui et de toute ma vie pour le salut des âmes et en particulier pour.... (*Ici chacun exprime ses intentions particulières.*) Cœur agonisant de Jésus, victime d'amour pour nous, daignez m'unir à vos saintes dispositions, surtout au jardin des Oliviers et sur la croix, et m'offrir avec vous en sacrifice au Père céleste comme un holocauste d'agréable odeur. Cœur compatissant de Marie, soyez-nous propice, et suppliez l'Esprit-Saint de répandre sur nous ses plus abondantes bénédictions. Ainsi soit-il.

FORMULE
de l'offrande quotidienne des souffrances présentes et futures, accompagnée de la demande d'être victime avec Jésus-Christ.

O mon Dieu, je vous offre mes peines, mes travaux, mes souffrances d'aujourd'hui et de toute ma vie, pour le salut des âmes et en particulier pour.... (*Ici chacun exprime ses intentions particulières.*) Je vous demande très-humblement, pour les mêmes fins, de daigner m'accepter *comme victime* avec votre divin Fils, et de me faire marcher à sa suite par la voie des souffrances et des croix jusqu'à ma mort, si tel est votre bon plaisir. Cœur agonisant de Jésus, victime d'amour pour nous, daignez m'unir à vos saintes dispositions, surtout au jardin des Oliviers et sur la croix, et m'offrir avec vous en sacrifice au Père céleste comme un holocauste d'agréable odeur. Cœur compatissant de Marie, soyez-nous propice, et suppliez l'Esprit-Saint de répandre sur nous ses plus abondantes bénédictions. Ainsi soit-il.

Offrande quotidienne de la vie.

Ce que l'homme a de plus précieux à offrir, *c'est sa vie*. Notre-Seigneur l'a dit : « Nul ne témoigne un plus grand amour à ses amis, qu'en donnant sa vie pour eux. On ne voit pas, en effet, comment il pourrait leur donner un gage plus précieux d'amitié, qu'en se donnant tout entier lui-même. A chacun des instants de son existence mortelle, Notre-Seigneur Jésus-Christ fit à Dieu son Père l'*offrande généreuse de sa vie*, consentant et demandant avec instance non-seulement à souffrir, mais encore à *mourir* pour le salut du genre humain. Et c'est ce qui l'a constitué en état de *perpétuelle victime*. A son exemple et pour la même fin, pourquoi n'offririons-nous pas nous-mêmes à Dieu notre vie? Cette offrande est d'un très-grand prix à ses yeux. Elle renferme un acte d'amour parfait et va droit au cœur du Père céleste comme une flèche brûlante. Elle est une sorte de cession de notre vie entre ses mains pour qu'il en dispose à son gré. Par cet acte généreux d'abandon, nous consentons à mourir, jeunes ou âgés, selon son bon plaisir, pour sa gloire et pour le salut des âmes. Néanmoins elle n'emporte avec elle aucune obligation proprement dite; et à moins qu'on ne s'y soit engagé *par vœu*, elle ne renferme aucun engagement particulier.

FORMULE
de l'offrande quotidienne de la vie.

O mon Dieu, je vous offre mes peines, mes travaux, mes souffrances d'aujourd'hui et de toute ma vie pour le salut des âmes et en particulier pour.... (*Ici chacun exprime ses intentions particulières.*) Je vous offre aussi pour les mêmes fins le *sacrifice de ma vie*, consentant à mourir à l'âge et de la manière qu'il vous plaira, en union avec votre divin Fils mourant sur la croix. Cœur agonisant de Jésus, victime d'amour pour nous, daignez m'unir à vos saintes dispositions, surtout au jardin des Oliviers et sur le Calvaire; et m'offrir avec vous en sacrifice au Père céleste comme un holocauste d'agréable odeur. Cœur compatissant de Marie, soyez-nous propice, et suppliez l'Esprit-Saint de répandre sur nous ses plus abondantes bénédictions. Ainsi soit-il.

Observation.

Le moment du jour le plus favorable pour faire à Dieu ces *offrandes et demandes quotidiennes*, c'est celui qui suit immédiatement l'*Elévation*, pendant le saint sacrifice de la messe. Si vous n'avez pas l'habitude d'y assister tous les jours, choisissez pour faire ces *offrandes la fin de votre prière du matin*, ayant soin de vous unir d'intention aux messes qui sont ou qui vont être célébrées dans l'église la plus prochaine, afin que votre offrande, unie au *sacrifice eucharistique* de la sainte Victime, monte vers le trône de Dieu comme un agréable parfum. Si vous êtes prêtres, le moment le plus opportun que vous puissiez choisir, c'est celui qui suit le très-saint sacrifice que vous venez de célébrer, c'est-à-dire le commencement de l'*action de grâces*, moment précieux, où, ayant encore le bonheur de posséder dans votre poitrine les *saintes espèces*, votre offrande se confondra en quelque sorte avec celle de Jésus-Christ présent en vous, et aura, par conséquent, aux yeux du Père, une plus grande valeur. Ce qui n'empêche pas qu'immédiatement après l'*Élévation*, au moment où vous faites la génuflexion, vous ne puissiez, *en esprit*, faire votre offrande, à moins que vous ne préfériez vous offrir avec la sainte victime en même temps qu'elle s'offre elle-même par vos mains pendant la double élévation de son corps et de son sang adorables. Quant aux simples fidèles, nous les invitons aussi pour la même raison à profiter des *premiers moments de leur action de grâces*, pour faire leur offrande, ce qui n'empêche pas que même ces jours-là ils ne la fassent aussi comme les autres jours, après l'élévation, pour en conserver la sainte habitude et avoir un double mérite.

Vœu d'immolation.

Nous avons dit au commencement de ce chapitre qu'il y a diverses manières d'exercer l'*apostolat de la souffrance*, et qu'une de ces manières, c'est de joindre à l'offrande que nous faisons à Dieu de nos souffrances et de notre vie pour le salut des âmes la sanction d'un *engagement* proprement dit, c'est-à-dire d'un *vœu*, et c'est ce que nous entendons ici par *vœu d'immolation*.

Explication de ce vœu.

Le vœu d'immolation est *une promesse formelle faite à Dieu de lui offrir chaque jour, pour le salut des âmes, ses souffrances et sa vie.*

I. Il n'oblige pas sous peine de *péché mortel*, mais seulement sous peine de *péché véniel*, de telle sorte que si on vient à l'enfreindre, on ne pèche jamais *mortellement*.

II. Celui qui a fait ce vœu est obligé de faire, *chaque jour, une fois, l'offrande de ses souffrances présentes et futures, et de sa vie, pour le salut des âmes.* Il n'est pas obligé à autre chose. Ainsi, l'obligation contractée par ce vœu ne tombe pas sur la manière d'endurer les souffrances, c'est-à-dire sur les dispositions plus ou moins parfaites de les supporter, mais *uniquement* sur l'*offrande* qu'on doit en faire, ainsi que de la vie, *une fois chaque jour*. Par souffrances il faut entendre ici tout ce qui apporte à l'homme non-seulement une douleur proprement dite, soit *intérieure*, soit *extérieure*, mais encore une *fatigue*, une *peine* quelconque d'*esprit* ou de *corps*. Par conséquent la *peine* inhérente à nos travaux de tous les jours entre dans la signification large que nous donnons ici au mot *souffrance*.

III. On satisfait à l'obligation de la susdite offrande quotidienne en disant à Dieu, une fois chaque jour : *Mon Dieu, je vous fais mon offrande.* Par ce mot on doit entendre l'*offrande des souffrances présentes et futures, et de la vie, pour le salut des âmes.* Ainsi les formules plus détaillées que nous proposons ci-après ne sont pas d'obligation. Néanmoins nous invitons les fidèles qui auront fait le *vœu d'immolation* à s'en servir ordinairement.

IV. On peut faire ce vœu pour un temps quelconque, par exemple, pour une semaine, un mois, un an, et même pour plusieurs. Nous ne conseillons à personne, à moins d'un attrait particulier de la grâce, de le faire pour toute la vie sans s'être essayé d'abord à le faire pour un temps limité. Au reste, nous exhortons vivement les personnes qui sentiront le désir de prononcer ce vœu, pour quelque temps que ce soit, de ne prendre cette détermination qu'après avoir prié, réfléchi, et pris conseil du guide spirituel de leur conscience.

V. En temps de maladie, surtout de maladie mortelle, si l'offrande susdite devenait, pour le malade, à plus forte raison pour le moribond, d'une exécution difficile, ou l'objet d'une pénible préoccupation, toute obligation à cet égard cesserait pour lui, tant que durerait cet état. Au reste, en temps de maladie, surtout aux approches de la mort, on satisfait à l'obligation de l'*offrande quotidienne* par un *signe extérieur* quelconque de piété fait *à cette intention*, par exemple en baisant un crucifix ou une pieuse image, en élevant les yeux au ciel, en prononçant le saint nom de Jésus, en faisant le signe de la croix.

VI. Si vous avez omis de faire votre *offrande* la veille ou les jours précédents, vous n'êtes pas tenu, quand même cette omission aurait été volontaire et coupable, de la faire deux fois le lendemain ou les jours suivants. L'obligation du jour finit avec le jour.

VII. Le salut des âmes étant la fin générale pour laquelle on fait vœu d'immolation, on peut y ajouter une ou plusieurs fins particulières qui s'y rapportent, telles que le *salut de la France, le salut de telle famille, la sanctification de telle communauté religieuse, la conversion de telle âme, la perfection de telle autre, le triomphe de l'Église, la délivrance du souverain Pontife, l'extirpation des sociétés secrètes, l'éducation catholique de la jeunesse*, etc. Dans ce cas, l'offrande qu'on fait chaque jour en vertu du vœu doit embrasser non-seulement la fin générale du vœu, c'est-à-dire le salut des âmes, mais encore les fins particulières qu'on y a ajoutées et qui s'y rapportent.

FORMULE
du vœu d'immolation.

Dieu tout-puissant et éternel, quoique je sois très-indigne de paraître devant vous, me confiant néanmoins en votre infinie bonté, je m'engage par le vœu temporaire ou perpétuel d'immolation à faire une fois chaque jour, à votre divine Majesté, l'offrande de mes souffrances et de ma vie pour le salut des âmes et en particulier pour... (*Ici chacun ajoute ses intentions particulières, par exemple pour le triomphe de notre sainte religion en France, etc.*) (1) Cœur agonisant de Jésus, victime d'amour pour nous, daignez m'unir à vos saintes dispositions, surtout au jardin des Oliviers et sur la croix, et m'offrir avec vous en sacrifice au Père céleste comme un holocauste d'agréable odeur. Cœur compatissant de Marie, soyez-moi propice; et afin que j'accomplisse fidèlement mes promesses, suppliez l'Esprit-Saint de répandre sur moi ses plus abondantes bénédictions. Ainsi soit-il.

Autre vœu d'immolation plus parfait.

Il y a plusieurs manières plus parfaites que la

---

(1) Si on prononce tout haut cette formule dans quelques réunions publiques, on peut exprimer à voix basse, de manière à n'être pas entendu, si on ne veut pas l'être, ces intentions particulières.

précédente de s'engager par le vœu d'immolation. Elles sont plus difficiles et plus méritoires, et avant d'en contracter l'obligation, il faut de nouveau prier, réfléchir et consulter le guide de sa conscience. Elles consistent à ajouter à l'offrande dont nous venons de parler et sous la même sanction, c'est-à-dire sous *peine de péché véniel*, l'une des promesses suivantes :

Première promesse. — *De supporter avec patience et sans murmure les souffrances et la mort pour le salut des âmes*, quand il plaira à Dieu de nous les envoyer. De même donc que par le vœu précédent nous nous engageons à *offrir* chaque jour à Dieu *nos souffrances et notre vie* pour le salut des âmes, ainsi par ce vœu plus parfait nous nous engageons pour la même fin, non-seulement à *offrir* nos souffrances et notre vie, mais encore à *supporter avec patience et sans murmure lesdites souffrances et la mort*. Il est évident que cette manière de faire le vœu d'immolation est plus parfaite que la première, et que ce vœu ainsi entendu peut devenir entre les mains d'un directeur habile un moyen très-efficace pour faire avancer rapidement certaines âmes dans les voies de la perfection, en leur permettant, par exemple, de faire ce vœu d'abord pour une semaine, pour un mois, ensuite pour une année et ainsi de suite, et même, dans certains sujets d'une vertu trèséprouvée et très-constante, pour toute la vie.

Seconde promesse. — *De faire chaque jour à Dieu*, non-seulement l'offrande quotidienne des souffrances et de la vie, mais encore la *demande de souffrir et de mourir pour le salut des âmes*, si c'est son bon plaisir. Par cette promesse on ne s'oblige qu'à cette *seule demande*, pas à autre chose. C'est une manière très-parfaite de s'offrir en victime avec Jésus-Christ, qui a toujours souffert et est mort victime de son amour pour nous.

Troisième promesse. — *De faire chaque semaine soit un jeûne, soit quelque autre pénitence corporelle, soit quelque aumône, soit, en un mot, quelque œuvre expiatoire pour le salut des âmes*. Cette promesse n'oblige pas lorsqu'elle devient, par une cause ou par une autre, d'une exécution trop difficile, par exemple, en voyage, en cas de maladies, d'infirmités, et pour ce qui regarde l'aumône, en cas de pauvreté ou de gêne, etc. Si dans la semaine vous avez omis l'œuvre ou les œuvres que vous vous êtes imposées par ce vœu d'immolation, vous avez péché *véniellement*, si cette omission a été volontaire et sans raison légitime; mais vous n'êtes pas tenu de faire ces œuvres deux fois, la semaine d'après ni les suivantes. Ici, l'obligation de la semaine finit avec la semaine, c'est-à-dire avec le samedi soir.

Nota. — Nous répétons une dernière fois qu'aucune des promesses, ni rien de ce qui est exprimé dans les vœux d'immolation que nous proposons, n'oblige *sous peine de péché mortel*. L'obligation que l'on contracte en faisant ces vœux est uniquement *sous peine de péché véniel.*

FORMULE
du vœu d'immolation plus parfait.

Dieu tout-puissant et éternel, quoique je sois très-indigne de paraître devant vous, me confiant néanmoins en votre infinie bonté, je m'engage, par le vœu temporaire (ou perpétuel) d'immolation à *faire une fois chaque jour à votre divine Majesté l'offrande de mes souffrances et de ma vie pour le salut des âmes et en particulier pour...* (Ici chacun ajoute ses intentions particulières.) En outre je m'engage par le même vœu et pour les mêmes fins à *supporter avec patience et sans murmure les souffrances et la mort,* (ou bien) à *demander chaque jour à Dieu de m'accepter comme victime et de me conduire par la voie des croix et des souffrances à la suite de son divin Fils,* (ou bien) à *pratiquer chaque semaine un jeûne, ou quelque autre œuvre de pénitence...* Cœur agonisant de Jésus, victime d'amour pour nous, daignez m'unir à vos saintes dispositions, surtout au jardin des Oliviers et sur la croix, et m'offrir avec vous en sacrifice au Père céleste comme un holocauste d'agréable odeur. Cœur compatissant de Marie, soyez-moi propice; et afin que j'accomplisse fidèlement mes promesses, suppliez l'Esprit-Saint de répandre sur moi ses plus abondantes bénédictions. Ainsi soit-il.

CHAPITRE VINGT-NEUVIÈME

RAPPORTS INTIMES ENTRE L'APOSTOLAT DE LA SOUFFRANCE
ET L'APOSTOLAT DE LA PRIÈRE.

Nous l'avons dit dès le début de cet ouvrage, et nous tenons à le répéter : Entre l'apostolat de la prière et l'apostolat de la souffrance il existe un lien étroit, une connexion intime, si intime, qu'on peut légitimement se demander comment ils serait possible de séparer l'un de l'autre, si l'on veut obtenir pour le salut des âmes et la régénération de la société un résultat profond et sérieux. Notre conviction est que l'apostolat de la prière et l'apostolat de la souffrance doivent marcher ensemble, comme la souffrance et la prière ont marché unies dans la vie de l'Homme-Dieu. Qu'est-ce, en effet, que la prière et la souffrance du chrétien, membre de Jésus-Christ, sinon, comme nous l'avons dit si souvent dans le cours de cet ouvrage, la continuation et la prolongation de la prière et des souffrances de Jésus-Christ, son divin chef? Or Jésus a toujours prié et toujours souffert; et sa prière et ses souffrances ont toujours été dirigées vers le but de la mission qu'il venait accomplir sur la terre, le salut du genre humain. C'est donc en Jésus-Christ priant et souffrant pour le salut des âmes, que tout chrétien désireux de coopérer pour sa part à cette grande œuvre par la prière et la douleur, doit chercher sa force et son modèle. Plus il se rapprochera de ce divin exemplaire, c'est à-dire plus il unira comme lui d'une manière inséparable la prière et la souffrance, plus il sera apôtre par l'une et par l'autre, plus il gagnera d'âmes à Jésus-Christ. C'est ce qui explique comment les hommes les plus apostoliques, qui ont réalisé dans l'œuvre de la conversion des peuples les résultats les plus étendus, ont tous été des hommes éminemment remplis de l'esprit de prière et de sacrifice. Saint Paul, saint Bernard, saint François-Xavier, et parmi les femmes, sainte Thérèse, pour ne point parler d'une infinité d'autres, ont possédé ce double esprit au plus haut degré. Et c'est précisément ce qui a communiqué aux travaux qu'ils ont entrepris pour Dieu et pour les âmes une si merveilleuse fécondité.

Allons plus avant, et disons, afin de faire mieux comprendre l'importance relative de l'apostolat de la souffrance, que dans l'œuvre de notre rédemption le Sauveur du monde a voulu lui donner la première place et la principale part d'action. En effet, quoiqu'il soit vrai de dire que par la moindre de ses prières Jésus-Christ eût pu opérer le salut du genre humain, cependant il n'est pas moins vrai d'ajouter que c'est par sa passion et par sa mort qu'il a formellement et comme officiellement opéré cette grande œuvre, de telle sorte, comme l'affirment les théologiens expliquant la doctrine de saint Paul, que c'est au sang de Jésus-Christ, répandu sur la croix, qu'il faut attribuer comme à sa cause immédiate la rédemption du genre humain. Le grand Apôtre avait dit, en effet : *Sine sanguinis effusione non fit remissio* (Hebr. IX) : « Sans effusion de sang, il n'y a pas de rémission à attendre ; » et ailleurs, d'une manière non moins explicite : *In quo habemus redemptionem per sanguinem ejus, remissionem peccatorum* : « C'est par le sang de Jésus-Christ que nous avons la rédemption, la rémission de nos péchés. » (Col., I.) Voilà pourquoi le même apôtre prononce d'une manière si imposante et si solennelle cet oracle divin : *Christum oportuit pati* (Act., XVII) : « Il a fallu que le Christ souffrît ; » voulant nous faire comprendre que notre salut a dû dépendre de la passion et de la mort du Fils de Dieu ; que Dieu le Père, justement irrité contre nous, a mis à ce prix notre délivrance de l'esclavage du péché et de la tyrannie du démon : *Christum oportuit pati.* Il ne dit pas : Il a fallu durant sa vie mortelle que le Christ fît telle ou telle autre chose, mais *qu'il souffrît.* Et cependant le Christ est Pontife ; or, une des principales fonctions du pontife consiste à intercéder, c'est-à-dire à prier pour le peuple. Et cependant le Christ est Maître et Docteur ; lui-même se donne ce titre en plusieurs endroits du saint Évangile. Et saint Paul nous déclare que c'est de lui que nous avons reçu l'enseignement de la vérité, et que c'est à sa suprême autorité de docteur et de maître qu'il faut recourir pour recevoir la parole de la vérité. *Apparuit enim gratia Dei Salvatoris nostri omnibus hominibus erudiens nos.* (Tit., II.) Pourquoi donc ce même saint Paul se contente-t-il de nous dire : *Christum oportuit pati :* « Il a fallu que le Christ souffrît ? » Ah ! c'est que, tout en reconnaissant que la prière et les enseignements du Fils de Dieu sont entrés en coopération avec ses souffrances dans l'œuvre de notre salut, cependant ce à quoi finalement Dieu le Père a voulu, dans sa justice et dans son amour, que notre salut fût attaché comme à sa cause immédiate, c'est le sang de son Fils répandu sur le Calvaire ; ce sont ses souffrances, sa passion, sa mort.

Chrétiens fervents et dévoués, qui voulez à tout prix gagner des âmes à Jésus-Christ, ah ! n'oubliez jamais cette parole de saint Paul, si courte, mais si pleine de sens divin : *Christum oportuit pati :* « Il a fallu que le Christ souffrît; » comme s'il nous disait : il ne fallait pas que le Christ se contentât pour racheter les hommes de prier ni d'enseigner; mais il fallait encore et surtout qu'il *souffrît* et qu'il *mourût* pour eux. C'est à ce prix et à cette condition que, par un décret éternel, Dieu le Père avait attaché le salut du monde. *Oportuit :* « Il a fallu. » Et comment ne faudrait-il pas, si vous voulez concourir vous-même à cette grande œuvre, que vous souffriez à votre tour? Il a fallu que le Christ, non-seulement priât, mais souffrît pour gagner des âmes; et vous voudriez en gagner sans souffrir? Ah! sans doute, quand vous priez pour le salut de vos frères, Jésus-Christ unit à votre prière la vertu de ses propres souffrances et leur donne ainsi la fécondité. Mais n'oubliez pas que dans l'application des mérites de la rédemption pas plus que dans la rédemption elle-même, Dieu n'a pas deux manières de procéder. Il a voulu nous racheter par la croix; c'est par la croix qu'il veut dans le détail faire à chaque âme pour la sauver l'application des mérites de ses souffrances et de sa mort. Et c'est pourquoi l'apôtre saint Paul, à qui le Seigneur a spécialement confié la mission d'expliquer aux hommes cette grande doctrine du salut par la croix, complète son enseignement en disant : *Adimpleo ea quæ desunt passionum Christi in carne mea...* : « J'accomplis dans ma chair ce qui manque aux souffrances de Jésus-Christ... » Voulant nous dire : Il ne suffit pas que mon Sauveur ait souffert pour moi; il faut, si je veux participer à la vertu rédemptrice de son sang, que je m'en fasse l'application en souffrant moi-même avec lui. Et n'est-ce pas ce que Notre-Seigneur lui-même avait dit avant son apôtre dans cette célèbre parole, qui ne laisse aucune excuse à ceux qui prétendent aller au ciel sans souffrir : *Si quis vult post me venire, abneget semetipsum, tollat crucem suam, et sequatur me :* « Si quelqu'un veut venir après moi, qu'il se renonce lui-même, qu'il prenne sa croix, et qu'il me suive? »

Des réflexions qui précèdent concluons : premièrement qu'en pratique, l'apostolat de la prière ne doit pas être ordinairement séparé de l'apostolat de la souffrance; secondement, que l'apostolat de la prière, quelque étendue que soit son action, quelque importants que paraissent ses résultats, n'atteindra qu'une partie relativement très-restreinte de son but, surtout en ce qui concerne la régénération profonde des sociétés modernes au point de vue religieux, s'il n'a soin de se tenir étroitement et continuellement uni à l'apostolat de la souffrance; troisièmement, que sans ce dernier l'apostolat de la prière, si parfaitement organisé qu'il puisse être, n'aura jamais qu'une garantie de durée incertaine et sans véritable solidité; que l'adjonction du *sacrifice*, de l'*immolation*, en un mot de l'*apostolat de la souffrance*, est pour lui une condition indispensable de vie et de durée; quatrièmement, que par conséquent l'apostolat de la souffrance ne doit pas être regardé comme un élément accessoire ou un pur complément de l'apostolat de la prière, mais comme un élément vital qui centuplera sa propre vie, et par conséquent son action. Que sous ce rapport, comme sous tous les autres, il doit en être de la prière et de la souffrance du chrétien, membre de Jésus-Christ, comme de la prière et des souffrances de Jésus-Christ, son divin chef. Or, la prière et toutes les œuvres de Jésus-Christ, quoiqu'elles fussent par elles seules capables de mériter notre salut, ont été par lui rapportées et comme subordonnées à son dernier sacrifice sur la croix, c'est-à-dire à sa passion et à sa mort, celle-ci devant être, d'après le décret divin, l'acte expiateur, réparateur, rédempteur du genre humain, en un mot, la rédemption elle-même.

Nous laissons au zélé et pieux directeur de l'œuvre éminemment catholique de l'Apostolat de la prière, à tous les prêtres, religieux et fidèles qui secondent si bien son zèle, le soin d'examiner devant Dieu la portée de ces réflexions; et s'ils les trouvent fondées, d'apprécier dans quelle mesure elles doivent déterminer en pratique l'adjonction de l'apostolat de la souffrance à l'apostolat de la prière. Issu du Cœur sacré de Jésus comme une fleur de sa tige, cet apostolat suppliant a déjà réalisé dans le monde un bien très-considérable. Nous ne doutons pas, nous avons, au contraire, l'entière conviction que ce bien et ces heureux résultats seront centuplés du jour où l'apostolat de la souffrance, issu, lui aussi, des agonies du Cœur sacré de Jésus, s'unira du lien le plus étroit à l'apostolat de la prière, le vivifiera de sa divine influence et ne formera avec lui qu'*un seul et même apostolat. Fiat, fiat.* Par souffrances, redisons-le une dernière fois, nous entendons ici nos peines, nos travaux, nos maladies, nos infirmités, nos tribulations de tous genres, nos épreuves intérieures, extérieures, nos revers, nos mortifications volontaires... surtout *l'offrande quotidienne de notre vie* pour les âmes, et, si Dieu nous l'inspire, la *demande de souffrir* dans ce but tout apostolique, comme l'ont fait tant de généreux disciples de Jésus-Christ, se constituant ainsi en état de victimes disposées à tout endurer, même la mort, pour glorifier Dieu, assurer le triomphe de l'Église, étendre le règne de Jésus-Christ et sauver des âmes.

SOCIÉTÉ DE VICTIMES VOLONTAIRES

POUR LES BESOINS ACTUELS DE L'ÉGLISE ET DES NATIONS, SURTOUT DES NATIONS CATHOLIQUES DE L'EUROPE, EN L'HONNEUR DU CŒUR AGONISANT DE JÉSUS ET DU CŒUR COMPATISSANT DE MARIE.

Comme son énoncé l'indique, la *société des victimes volontaires...* que nous proposons, est *une réunion de personnes pieuses, ferventes, dévouées pour la gloire de Dieu et le salut des âmes, qui se concertent et s'unissent pour mettre en commun leurs travaux, leurs peines, leurs souffrances, et le sacrifice de leur vie,* dans une pensée et pour un but apostolique, c'est-à-dire pour *obtenir à l'Église et aux nations,* surtout aux nations catholiques de l'Europe, une très-grande abondance de secours spirituels dans les temps mauvais où nous vivons. Mais afin de faire mieux comprendre notre pensée, expliquons chacun des mots de l'énoncé qui précède.

I. *Société;* nous ne disons pas *confrérie.* Notre intention n'est pas, en effet, de proposer une *confrérie* ni une *association nouvelle;* mais dans les confréries et associations déjà existantes, quel qu'en soit le vocable et le but particulier, ou en dehors de ces confréries, d'offrir aux personnes zélées qui s'affligent des maux actuels de l'Église, des nations, surtout des nations catholiques de l'Europe et de la perte des âmes, un moyen puissant de guérir ou du moins de diminuer ces maux. Ce moyen, c'est de s'unir en nombre plus ou moins considérable, et de mettre en commun pour les fins que nous venons de signaler, et pour toutes celles qui s'y rapportent, peines, travaux, souffrances, sacrifice quotidien de la vie. Nous invitons les prêtres, directeurs de confréries, congrégations et autres associations pieuses, à former, parmi les fidèles qui en font partie, au moins parmi les plus fervents, quelques-unes de ces petites *sociétés de victimes volontaires*, sur le modèle que nous en traçons ci-après. Ils ne tarderont pas à recueillir le fruit de leur zèle. Sans parler du grand bien qui en reviendra à l'Église et aux âmes, qui ne voit ce qu'une aussi sainte pratique est appelée à produire d'heureux résultats là où elle sera établie et mise à exécution avec persévérance? Il n'en faudrait pas davantage pour ranimer la ferveur dans les associations où elle commence à s'éteindre, d'où peut-être même elle a complétement disparu. En effet, partout où pénètre l'esprit de sacrifice, la ferveur et toutes les vertus pénètrent à sa suite. Or, la pratique dont il s'agit, qu'est-elle autre chose sinon la mise en œuvre de l'esprit de sacrifice pour une fin excellente, c'est-à-dire pour le salut des âmes, l'exaltion de la sainte Église, le triomphe du règne de Jésus-Christ dans toutes les nations catholiques et son extension dans tout l'univers. Nous exhortons les âmes pieuses et dévouées, soit qu'elles fassent ou non partie de quelque confrérie ou congrégation..., à se former en petite *société de victimes volontaires* pour ces grandes nécessités des temps présents. Si chaque fidèle consentait, sous ce rapport, à fournir sa bonne part de coopération, c'est-à-dire de sacrifice personnel, il n'est point douteux que le résultat de tous ces sacrifices réunis ne fût imposant et d'un grand poids dans la balance de la divine justice pour déterminer le Seigneur à détourner en grande partie les calamités qui affligent l'Église et toute l'humanité. Mieux que personne, les prêtres, les jeunes élèves du sanctuaire, les religieux, les religieuses comprendront la valeur de tous ces sacrifices réunis et l'opportunité de la petite *société* qui a pour but d'en provoquer et d'en faciliter l'exécution. Et c'est ce qui nous enhardit à faire appel à leur zèle, et à les supplier humblement, pour l'amour de Jésus-Christ, de vouloir bien établir et promouvoir autour d'eux cette *petite société de victimes volontaires*, et même, s'ils le peuvent, d'en faire partie eux-mêmes.

II. *De victimes volontaires*. Il existe beaucoup

d'associations de prière. Ce que nous proposons est une *société de sacrifice*. L'une n'exclut pas l'autre, tout au contraire. Ainsi que nous l'avons dit au commencement de ce livre, la prière et le sacrifice doivent marcher ensemble; et Notre-Seigneur Jésus-Christ ne les a jamais séparés. Durant sa vie mortelle il a fait en lui-même de ces deux saintes choses une alliance ineffable. Il a toujours prié, il a toujours souffert. Et après sa mort il continue à prier et à renouveler chaque jour et à toute heure son sacrifice non sanglant. Nous appelons cette pieuse réunion une *société de victimes*, parce que sa pratique fondamentale consiste dans l'*offrande quotidienne de la vie*. Or, offrir sa vie à Dieu pour le salut des âmes, afin qu'il en dispose comme et quand il lui plaira, c'est se constituer en état de victime. Mais de plus les membres de cette société offrent à la même fin leurs peines, leurs travaux, leurs souffrances de chaque jour, et même, si Notre-Seigneur le leur inspire, elles lui demandent de souffrir dans ce but. Or, comme cette offrande n'a rien de forcé, mais qu'elle est entièrement libre et spontanée, de là vient que nous ajoutons le mot *volontaires*, afin que les personnes qui désirent faire partie de cette petite société sachent bien que c'est le dévouement tout pur qui en est l'âme. Et c'est pour ce motif que nous n'adressons notre appel qu'aux chrétiens dévoués, sincèrement désireux de *payer*, comme on dit, *de leur personne*, quand il s'agit de procurer la gloire de Dieu et le salut des âmes.

III. *Pour les besoins de l'Église et des nations, surtout des nations catholiques de l'Europe.*

De l'Église. Et quand donc fut-il plus urgent qu'aujourd'hui de mettre à contribution toutes les ressources spirituelles de senfants de la sainte Église notre mère, pour subvenir efficacement à ses innombrables nécessités ? Assurément le triomphe est en définitive promis à l'Église par un oracle infaillible du Fils de Dieu, contre lequel nulle puissance au monde ne saurait prévaloir ; mais cela n'empêche pas qu'elle n'ait en ces jours mauvais grandement à souffrir de la haine de ses ennemis, de leurs persécutions hypocrites, de la connivence coupable, ou de l'indifférence d'un grand nombre de ses enfants. Cela n'empêche pas surtout que les catholiques de nos jours, c'est-à-dire tous les enfants de l'Église, n'aient de graves dangers de perversion à courir à cause de la corruption et de la malice du siècle ; et que déjà malheureusement plusieurs d'entre eux, même parmi ceux qui devaient se montrer les plus fermes, n'aient donné l'affligeant spectacle de la plus lâche défection. L'appel que nous faisons aujourd'hui à tous les cœurs généreux, c'est-à-dire à tous les vrais enfants de la sainte Église, notre mère, est donc un appel opportun. Il ne l'est pas moins, si nous considérons le déplorable état où se trouve, sous le rapport religieux, la plupart des nations, surtout des nations catholiques de l'Europe. Et c'est pour cette raison que nous avons ajouté pour les besoins, non-seulement de l'Église, mais encore :

Des nations, surtout des nations catholiques de l'Europe. Qui ne sait que depuis l'époque à jamais lamentable de la réforme protestante, qui marque si tristement l'origine de tant de malheurs, la religion catholique a rencontré surtout au sein des nations européennes un antagonisme haineux, qui s'est trop souvent traduit par des guerres sanglantes, par des persécutions ouvertes, et qui a amené ce que nous voyons de nos jours dans la plupart des nations qui se disent encore chrétiennes, l'humiliation du catholicisme, le mépris de ses prérogatives, l'oubli non moins méprisant de ses droits et de sa dignité, jusqu'à faire marcher sur le même rang et à traiter avec le même honneur la sainte Église de Jésus-Christ, et les sectes, nées d'hier, qui ne sont autre chose que la négation audacieuse de son autorité, de sa doctrine, de tous ses enseignements. Hélas! c'est à côté de ces sectes sacriléges, qu'elle a frappées de ses anathèmes, que notre sainte mère l'Église se voit obligée de vivre, humiliée de ce voisinage comme le serait une grande et noble reine traitée sur le même pied d'égalité que ses sujets révoltés contre elle.

Pour bien comprendre cet état de profonde humiliation où l'esprit d'irréligion et d'indépendance a condamné au sein des nations européennes la sainte Église catholique, il suffit de se rappeler de quel éclat, de quels honneurs suprêmes elle fut environnée aux jours de ses gloires et de ses prospérités, c'est-à-dire pendant les siècles de foi qui précédèrent la grande apostasie des temps modernes. En ces temps heureux l'Église avait partout le premier rang. Et les oppositions qu'elle ou ses pontifes rencontrèrent çà et là dans le cours de ces longs siècles, furent, si on les compare à l'espèce d'ostracisme que depuis elle a si souvent rencontré, des épreuves relativement très-légères. Eh bien, c'est pour faire revivre ces siècles de foi, ces temps heureux, où notre sainte religion occupait partout dans les nations européennes la première place, que nous venons, cher lecteur, armé d'une invincible confiance en Celui qui a fait les nations guérissables, et qui d'un seul mot peut les guérir, vous convier à faire partie de cette sainte croisade et à prendre place parmi les *victimes volontaires* pour les besoins de l'*Église* et des *nations*, surtout de celle au sein de laquelle la divine Providence vous a fait naître. Car c'est surtout pour cette nation que nous vous invitons à vous *sacrifier*, sans détriment des autres, au salut desquelles vous étendrez aussi les intentions de de votre zèle. En effet, c'est surtout la *régénération entière de l'Europe, des nations européennes, au point de vue religieux, que nous nous proposons d'obtenir par les sacrifices volontaires*, multipliés sur tous les points de cette même Europe et ailleurs, où ce livre pourra pénétrer. L'entreprise est grande; mais elle n'est point téméraire. Qu'y a-t-il d'impossible à Dieu? Et si quelque chose est capable de toucher son cœur et de le déterminer à déployer en notre faveur sa toute-puissante miséricorde, n'est-ce pas le sacrifice réuni de tous ses enfants fidèles et dévoués? La *conversion des pécheurs* et la *persévérance des justes* entrent parmi les intentions et dans les fins de la société, et elles sont implicitement exprimées et incluses sous le titre de ladite société tel que nous l'avons énoncé.

La *société des Victimes volontaires* est immédiatement placée sous le vocable et la protection du *Cœur agonisant de Jésus* et sous les auspices du *Cœur compatissant de Marie*. Il y a dans ces deux saints Cœurs, victimes d'amour pour nous, des trésors inépuisables de grâces et de bénédictions cachées et comme enfouies. Le temps nous paraît venu d'exploiter ces deux intarissables sources de bénédictions en faveur de ce siècle d'agonie et de défaillance, en faveur de ces nations modernes, si fières de leur progrès matériel, et pourtant si abaissées et si flétries lorsqu'on les compare à ce qu'elles furent jadis, alors que la religion catholique, libre de toute entrave, les vivifiait jusque dans les entrailles de son souffle immortel.

Notre intention étant de faire traduire ce livre en diverses langues et de le publier dans les principales contrées de l'Europe et même ailleurs, au moins en Amérique, nous prions instamment les catholiques, surtout les prêtres, les religieux et religieuses de ces diverses régions de prendre à cœur la propagation de ce livre et l'établissement de la société des *Victimes volontaires* partout où il sera possible. Et quelle est donc la nation à laquelle cette salutaire institution ne puisse être du plus puissant secours dans les temps mauvais que nous traversons? Quel bien immense n'y a-t-il pas à faire en France, en Italie, en Espagne, en Autriche, en Allemagne, en Angleterre, en Belgique..., en Amérique..., partout? Contre quelle armée d'ennemis ouverts et cachés notre sainte religion n'a-t-elle pas à combattre dans ces diverses contrées? Oui, oui, formons entre nous tous, catholiques de toutes les nations, une *sainte ligue*, une *sainte croisade de victimes volontaires* en union avec la sainte victime du Golgotha. Souvenons-nous que l'union fait la force, et que le monde a été sauvé par la croix. Montons sur la croix avec Jésus, notre

Sauveur ; et en lui et par lui nous continuerons à sauver le monde.

Quant à l'*organisation* de cette petite société, il n'y en a pas d'autre que se réunir *dix personnes* de bonne volonté, sincèrement désireuses de la gloire de Dieu, du triomphe de Jésus-Christ et de son Église, du salut des âmes et des nations. On convient ensemble que chacun des membres de cette petite société : 1° *Honorera par l'offrande quotidienne de ses travaux, de ses peines, de ses souffrances et de sa vie, la mort et les souffrances de Jésus-Christ, surtout celles qui lui seront échues;* 2° *Qu'il s'offrira chaque jour en victime pour l'Église et pour les nations, surtout pour la sienne et pour celle qui lui sera spécialement échue.* On s'offre en *victime* à Dieu en lui faisant l'*offrande quotidienne* dont nous venons de parler, *surtout de la vie, en acceptant avec patience les souffrances* qui se présentent, en *demandant à Dieu de souffrir davantage* pour les âmes, si tel est son bon plaisir, à l'exemple de son divin Fils Jésus. Par conséquent il ne faut admettre dans cette société que des chrétiens dévoués, généreux, disposés à *souffrir* et, s'il le faut, à *mourir* pour les intérêts de Jésus-Christ, de la sainte Église et des âmes.

Les petits billets que nous plaçons ci-après ne sont que pour faciliter aux membres de chaque petite *société de dix personnes*, l'exécution de cette pratique de zèle apostolique. L'une d'elles se chargera de les distribuer tous les deux mois. Quand un membre vient à mourir, les autres prieront pour le repos de son âme et pourvoiront à son remplacement.

Telle que nous venons de l'expliquer, la *petite société des Victimes volontaires* n'est pas une association proprement dite ; par conséquent elle peut être admise dans toutes les confréries et associations pieuses, quelles qu'elles soient, sans aucun détriment pour les pratiques en usage dans ces pieuses congrégations. Ce sera même pour ces derniers, nous l'avons déjà dit, un moyen puissant d'accroître la ferveur parmi leurs membres et de la rallumer, si elle y est éteinte.

Le R. P. Ramière, rédacteur du *Messager du Sacré-Cœur* et directeur de l'*Apostolat de la prière*, veut bien avoir l'obligeance de nous offrir les colonnes de son pieux journal pour faire connaître et recommander à ses nombreux abonnés, surtout aux zélateurs et aux zélatrices de cette œuvre admirable, ce livre que nous publions sur l'*apostolat de la souffrance*. A notre tour nous les prions de vouloir bien en favoriser de tout leur pouvoir la propagation, et d'étendre à l'*apostolat de la souffrance* le zèle qu'ils emploient à établir partout l'*apostolat de la prière*. Nous l'avons dit dans le précédent chapitre : entre ces deux apostolats il existe une relation intime, celle qui a existé entre la prière de Jésus-Christ et ses souffrances. Aussi notre conviction est-elle que ces deux apostolats doivent marcher ensemble, si étroitement liés et unis, qu'ils ne fassent qu'un seul et même apostolat, composé de deux éléments, l'élément *suppliant* et l'élément *victime*, la *prière* et la *souffrance*, répartis entre les divers associés de cette belle œuvre, ou réunis dans chacun d'eux. Nous avons la ferme confiance que l'union de ces deux apostolats communiquera à l'un et à l'autre un caractère de durée, de fécondité, d'étendue et de solidité qu'ils auraient difficilement, ou plutôt qu'ils n'auraient pas sans cette union, destinée à centupler leur vitalité réciproque, et par conséquent à porter à son comble l'efficacité de leur action dans l'ordre surnaturel pour la gloire de Dieu et le salut des âmes.

SOCIÉTÉ DE VICTIMES VOLONTAIRES

POUR LES BESOINS ACTUELS DE L'ÉGLISE ET DES NATIONS, SURTOUT DES NATIONS CATHOLIQUES DE L'EUROPE, EN L'HONNEUR DU CŒUR AGONISANT DE JÉSUS ET DU CŒUR COMPATISSANT DE MARIE (1).

Ier BILLET
L'Église et la France.

Honorez l'agonie et la mort de Jésus-Christ ; honorez en particulier les douleurs intérieures et extérieures qu'il endura depuis le moment de *son incarnation* et de *sa naissance* jusqu'à l'âge de *cinq ans*, surtout à la pensée d'un si grand nombre d'enfants qui naissent de parents infidèles, hérétiques ou mauvais chrétiens.

Offrez aujourd'hui en union avec ces souffrances vos travaux, vos peines, vos souffrances et le sacrifice de votre vie pour le *triomphe de la religion catholique en France*, et en particulier pour les pères et mères de famille, pour leurs enfants, afin qu'ils reçoivent le baptême et conservent l'innocence baptismale. Demandez à Dieu, si tel est son bon plaisir, de *souffrir* pour les mêmes fins.

Cœur agonisant de Jésus, ayez pitié de nous.

---

(1) Ces billets sont imprimés à part. On peut se les procurer chez le libraire-éditeur de *l'Apostolat de la souffrance*.

Cœur compatissant de Marie, priez pour nous.

Saint Michel, archange, priez pour nous.

Saints anges protecteurs de la France, priez pour nous.

Saint Joseph, priez pour nous.

Saints apôtres et saints martyrs, priez pour nous.

Saints et saintes qui vous êtes sanctifiés en France, priez pour nous.

IIe BILLET

L'Église et l'Italie.

Honorez l'agonie et la mort de Jésus-Christ; honorez en particulier les douleurs intérieures et extérieures qu'il endura depuis l'âge *de cinq ans jusqu'à dix*, surtout à la pensée d'un si grand nombre d'enfants élevés dans l'oubli de Dieu et dans le mépris de notre sainte religion.

Offrez aujourd'hui en union avec ces souffrances vos travaux, vos peines, vos souffrances et le sacrifice de votre vie pour le *triomphe de la religion en Italie*, et en particulier pour que tous les enfants reçoivent une *éducation catholique. Demandez à Dieu*, si tel est son bon plaisir, de souffrir pour les mêmes fins.

Cœur agonisant de Jésus, ayez pitié de nous.

Cœur compatissant de Marie, priez pour nous.

Saint Michel, archange, priez pour nous.

Saints anges protecteurs de l'Italie, priez pour nous.

Saint Joseph, priez pour nous.

Saints apôtres, saints martyrs, priez pour nous.

Saints et saintes qui vous êtes sanctifiés en Italie, priez pour nous.

IIIe BILLET

L'Église et l'Espagne.

Honorez l'agonie et la mort de Jésus-Christ; honorez en particulier les douleurs intérieures et extérieures qu'il endura depuis l'âge *de dix ans jusqu'à quinze*, surtout à la pensée de tant de jeunes chrétiens qui se pervertissent à cet âge.

Offrez aujourd'hui en union avec ces souffrances vos travaux, vos peines, vos souffrances et le sacrifice de votre vie pour le *triomphe de la religion catholique en Espagne et en Portugal*, et en particulier pour obtenir la *complète extirpation* des causes de scandale qui pervertissent la jeunesse, surtout des mauvais livres, des mauvais journaux, des mauvais spectacles. Demandez *à Dieu*, si tel est son bon plaisir, de souffrir pour les mêmes fins.

Cœur agonisant de Jésus, ayez pitié de nous.

Cœur compatissant de Marie, priez pour nous.

Saint Michel, archange, priez pour nous.

Saints anges protecteurs de l'Espagne et du Portugal, priez pour nous.

Saint Joseph, priez pour nous.

Saints apôtres et saints martyrs, priez pour nous.

Saints et saintes qui vous êtes sanctifiés en Espagne et en Portugal, priez pour nous.

IVe BILLET

L'Église et l'Autriche.

Honorez l'agonie et la mort de Jésus-Christ; honorez en particulier les douleurs intérieures et extérieures qu'il endura depuis l'âge *de quinze ans jusqu'à vingt*, surtout à la pensée de tant de jeunes chrétiens et de jeunes chrétiennes, qui manquent leur vocation et s'exposent par cette infidélité au danger de se perdre.

Offrez aujourd'hui en union avec ces souffrances vos travaux, vos peines, vos souffrances et le sacrifice de votre vie *pour le triomphe de la religion catholique en Autriche et en Hongrie*, et en particulier pour les religieux et religieuses, pour la jeunesse chrétienne, surtout pour les étudiants. Demandez *à Dieu*, si tel est son bon plaisir, de souffrir pour les mêmes fins.

Cœur agonisant de Jésus, ayez pitié de nous.

Cœur compatissant de Marie, priez pour nous.

Saint Michel, archange, priez pour nous.

Saints anges protecteurs de l'Autriche et de la Hongrie, priez pour nous.

Saint Joseph, priez pour nous.

Sains apôtres et saints martyrs, priez pour nous.

Saints et saintes qui vous êtes sanctifiés en Autriche et en Hongrie, priez pour nous.

Ve BILLET.
L'Église et l'Allemagne.

Honorez l'agonie et la mort de Jésus-Christ; honorez en particulier les douleurs intérieures et extérieures qu'il endura depuis l'âge *de vingt ans jusqu'à vingt-cinq*, surtout à la pensée du mal affreux que les sociétés secrètes et les mauvaises compagnies font à la jeunesse et aux hommes de nos jours.

Offrez aujourd'hui en union avec ces souffrances vos travaux, vos peines, vos souffrances et le sacrifice de votre vie pour le *triomphe de la religion catholique en Allemagne et en Russie*, et en particulier pour que les hommes de nos jours, surtout les jeunes gens, les ouvriers, ne s'enrôlent pas dans les sociétés secrètes, et pour la complète extirpation de ces mauvaises associations. Demandez *à Dieu*, si tel est son bon plaisir, de souffrir pour ces mêmes fins.

Cœur agonisant de Jésus, ayez pitié de nous.

Cœur compatissant de Marie, priez pour nous.

Saint Michel, archange, priez pour nous.

Saints Anges protecteurs de l'Allemagne et de la Russie, priez pour nous.

Saint Joseph, priez pour nous.

Saints apôtres et saints martyrs, priez pour nous.

Saints et saintes qui vous êtes sanctifiés en Allemagne et en Russie, priez pour nous.

VIe BILLET

L'Église et l'Angleterre.

Honorez l'agonie et la mort de Jésus-Christ; honorez en particulier les douleurs intérieures et extérieures qu'il endura depuis l'âge de *vingt-cinq ans jusqu'à trente*, surtout à la pensée des personnes de cet âge qui s'abandonnent sans frein à leurs passions désordonnées.

Offrez aujourd'hui en union avec ces souffrances vos travaux, vos peines, vos souffrances et le sacrifice de votre vie *pour le triomphe de la religion catholique en Angleterre, en Irlande et en Écosse*, et en particulier pour ceux qui gouvernent dans ces pays et partout ailleurs. Demandez *à Dieu*, si tel est son bon plaisir, de souffrir pour les mêmes fins.

Cœur agonisant de Jésus, ayez pitié de nous.

Cœur compatissant de Marie, priez pour nous.

Saint Michel, archange, priez pour nous.

Saint Joseph, priez pour nous.

Saints apôtres et saints martyrs, priez pour nous.

Saints anges protecteurs de l'Angleterre, de l'Irlande et de l'Écosse, priez pour nous.

Saints et saintes qui vous êtes sanctifiés dans ces trois royaumes, priez pour nous.

VIIe BILLET
L'Église et la Pologne.

Honorez l'agonie et la mort de Jésus-Christ; honorez en particulier les douleurs intérieures et extérieures qu'il endura depuis l'âge de *trente ans jusqu'à trente-trois*, surtout à la pensée de tant de persécutions que son Église devait avoir à subir jusqu'à la fin du monde.

Offrez aujourd'hui en union avec ces souffrances vos travaux, vos peines, vos souffrances et le sacrifice de votre vie pour le *triomphe de la religion catholique en Pologne et dans tous les pays du monde où elle est persécutée*, et en particulier pour que la confusion de Babel se mette parmi tous les ennemis de l'Église, et qu'ainsi ils deviennent incapables de lui nuire. Demandez *à Dieu*, si tel est son bon plaisir, de souffrir pour les mêmes fins.

Cœur agonisant de Jésus, ayez pitié de nous.

Cœur compatissant de Marie, priez pour nous.

Saint Michel, archange, priez pour nous.

Saint Joseph, priez pour nous.

Saints apôtres et saints martyrs, priez pour nous.

Saints anges protecteurs de la Pologne et des autres nations où l'Église catholique est persécutée, priez pour nous.

Saints et saintes qui vous êtes sanctifiés en Pologne et dans les pays où l'Église est persécutée, priez pour nous.

VIIIe BILLET

L'Église et la Belgique.

Honorez la passion et la mort de Jésus-Christ; honorez en particulier les douleurs intérieures et extérieures qu'il endura au *jardin des Oliviers pendant les trois heures de son agonie*, surtout à la pensée d'un si grand nombre *d'agonisants* qui meurent chaque jour dans la disgrâce de Dieu.

Offrez aujourd'hui en union avec ces souffrances et cette douloureuse agonie vos travaux, vos peines, vos souffrances et le sacrifice de votre vie pour le *triomphe de la religion catholique en Belgique, en Hollande, en Suède, en Norwège, en Danemark*, et en particulier pour les *quatre-vingt mille agonisants* de chaque jour, et pour la *complète extirpation de la secte abominable*, qui, sous le nom de *solidaires,* se propose pour but infernal d'empêcher les agonisants de mourir en chrétiens (1). Demandez *à Dieu,* si tel est son bon plaisir, de souffrir pour les mêmes fins.

Cœur agonisant de Jésus, ayez pitié de nous.

Cœur compatissant de Marie, priez pour nous.

Saint Michel, archange, priez pour nous.

Saint Joseph, priez pour nous.

Saints apôtres et saints martyrs, priez pour nous.

Saints anges protecteurs de la Belgique et des autres nations du nord de l'Europe, priez pour nous.

Saints et saintes qui vous êtes sanctifiés en Belgique et dans les autres pays du Nord, priez pour nous.

IXᵉ BILLET

L'Église et l'Amérique.

Honorez l'agonie et la mort de Jésus-Christ; honorez en particulier les douleurs intérieures et extérieures qu'il endura pendant sa *flagellation* et son *couronnement* d'épines, surtout à la pensée de l'orgueil d'un si grand nombre d'hommes qui refusent par esprit d'indépendance de se soumettre

---

(1) Cette secte diabolique a pris naissance en Belgique ces dernières années.

à sa divine autorité et à celle de la sainte Église, son épouse.

Offrez aujourd'hui en union avec ces souffrances vos travaux, vos peines, vos souffrances et le sacrifice de votre vie pour le *triomphe de la religion catholique en Amérique et en Océanie*, et en particulier pour les missionnaires de ces contrées et de tous les pays du monde. Demandez *à Dieu*, si tel est son bon plaisir, de souffrir pour les mêmes fins.

Cœur agonisant de Jésus, ayez pitié de nous.

Cœur compatissant de Marie, priez pour nous.

Saint Michel, archange, priez pour nous.

Saints anges protecteurs de l'Amérique et de l'Océanie, priez pour nous.

Saint Joseph, priez pour nous.

Saints apôtres et saints martyrs, priez pour nous.

Saints et saintes qui vous êtes sanctifiés en Amérique et en Océanie, priez pour nous.

Xᵉ BILLET

L'Église, l'Asie et l'Afrique.

Honorez l'agonie et la mort de Jésus-Christ; honorez en particulier les douleurs intérieures et extérieures qu'il endura en *portant sa croix, en y étant crucifié, en y demeurant suspendu pendant trois heures, enfin en y rendant le dernier soupir,* malgré l'ingratitude d'un si grand nombre d'hommes, qui n'ont pas voulu et ne veulent pas profiter des mérites de son sang répandu pour eux sur la croix.

Offrez aujourd'hui en union avec ces souffrances vos travaux, vos peines, vos souffrances et le sacrifice de votre vie pour le *triomphe de la religion catholique dans l'Asie, l'Afrique et tous les pays infidèles*. Offrez en particulier ces mêmes travaux, peines, souffrances et sacrifice de votre vie pour le souverain Pontife, pour les évêques, les prêtres, pour tous les enfants de la sainte église catholique, apostolique et romaine, spécialement pour les membres de cette petite société, pour leurs familles et pour la vôtre. Demandez *à Dieu*, si tel est son bon plaisir, de souffrir pour les mêmes fins.

Cœur agonisant de Jésus, ayez pitié de nous.

Cœur compatissant de Marie, priez pour nous.

Saint Michel, archange, priez pour nous.

Saints anges protecteurs de l'Asie, de l'Afrique et de tous les pays du monde, priez pour nous.

Saint Joseph, priez pour nous.

Saints apôtres, priez pour nous.

Saints martyrs et saintes vierges, priez pour nous.

Saints et saintes qui vous êtes sanctifiés en Asie, en Afrique et dans tous les pays du monde, priez pour nous.

APPENDICE

I

SUR LA DÉVOTION AU CŒUR AGONISANT DE JÉSUS.

Cette dévotion a pour but : 1° *d'honorer le sacré Cœur de Jésus endurant pendant toute sa vie, mais surtout durant son agonie au jardin des Oliviers, de grandes souffrances intérieures pour le salut des âmes;* 2° *d'obtenir par les mérites de cette longue agonie une bonne mort aux quatre-vingt mille personnes environ qui expirent chaque jour dans le monde entier.* Ce nombre n'est point exagéré. C'est un fait d'expérience.

PRIÈRE QUOTIDIENNE

Au Cœur agonisant de Jésus pour les agonisants du jour, c'est-à-dire pour tous ceux qui doivent mourir dans les vingt-quatre heures.

O clementissime Jesu, amator animarum, obsecro te per agoniam Cordis	O très-miséricordieux Jésus, vous qui brûlez d'un si ardent amour pour les âmes, je vous

en conjure par l'agonie de votre très-saint Cœur et par les douleurs de votre Mère Immaculée, purifiez dans votre sang tous les pécheurs de la terre qui sont maintenant à l'agonie, et qui aujourd'hui même doivent mourir. Ainsi soit-il. Cœur agonisant de Jésus, ayez pitié des mourants.

tui sanctissimi et per dolores Matris tuæ Immaculatæ, lava in sanguine tuo peccatores totius mundi nunc positos in agoniâ et hodiè morituros. Amen. Cor Jesu in agoniâ factum, miserere morientium.

<small>Cent jours d'indulgence chaque fois; une indulgence plénière chaque mois. (Décret du 2 février 1850.)</small>

Offrez *chaque jour* avec cette prière au Cœur agonisant de Jésus quelques actions de votre journée, quelques sacrifices pour les agonisants *du jour*. Demain il ne sera plus temps. Ils seront dans leur éternité heureuse ou malheureuse pour toujours.

La dévotion au Cœur agonisant de Jésus, ainsi formulée, parut pour la première fois environ vers l'année 1848. Par un décret daté de Gaëte (2 février 1850) N. S. P. le pape Pie IX daigna l'encourager en lui accordant des indulgences. Depuis cette époque elle a été établie en *confrérie* dans diverses villes de France, et à Jérusalem, dans l'église même du patriarche. Nous renvoyons MM. les ecclésiastiques qui désireraient établir cette salutaire association dans leur église, et les fidèles qui voudraient pratiquer cette dévotion, à divers écrits que nous avons publiés sur ce sujet : 1° A l'opuscule intitulé *le Cœur agonisant de Jésus...* avec les *statuts de l'association*, chez Régis Ruffet, libraire à Paris, rue Saint-Sulpice; 2° à l'opuscule intitulé : *Dévotion au Cœur agonisant de Jésus*, chez Périsse, libraire à Lyon; 3° à l'opuscule intitulé : *la Supplication perpétuelle au Cœur compatissant de Marie* (1), chez Lecoffre, libraire à Paris, rue Bonaparte, 90. On trouve la gravure du Cœur agonisant de Jésus chez Bouasse-Lebel, à Paris, rue Saint-Sulpice; et la médaille du Cœur agonisant de Jésus chez Mayaud frères, à Paris, boulevard Sébastopol, 11. Pour de plus amples renseignements sur la dévotion et la confrérie du Cœur agonisant de Jésus, on peut s'adresser à nous; ou bien aux *religieuses du Cœur agonisant de Jésus*, à Lyon, quartier de Montlaisir, aux Quatre Maisons, n° 11. (*Affranchir.*)

II

SUR LA SUPPLICATION PERPÉTUELLE AU CŒUR COMPATISSANT DE MARIE POUR LES BESOINS ACTUELS DE L'ÉGLISE ET DES PAROISSES.

Cette supplication a pour but : 1° *d'honorer les douleurs de la très-sainte Vierge Marie durant sa vie mortelle, surtout la désolation profonde, l'es-*

---

(1) Voir Appendice, p. 323.

pèce d'agonie à laquelle fut livré son très-saint Cœur pendant l'agonie de son divin Fils au jardin des Oliviers et sur la croix; 2° d'obtenir de Jésus, par la désolation et par l'agonie de sa divine Mère, des grâces très-efficaces de protection pour l'Église, et de salut pour les paroisses et diocèses où cette œuvre est établie, et en particulier la conversion des pécheurs endurcis.

La *suplication perpétuelle* n'est ni une *confrérie*, ni une *association* quelconque. C'est un hommage solennel rendu *une fois* chaque année au Cœur compatissant de Marie par ses fidèles serviteurs, sans distinction d'âge, de condition, de sexe; c'est une prière ardente que ces mêmes serviteurs réunis, soit dans leur église paroissiale, dans une église de communauté, ou dans toute autre église publique, adressent à la Vierge compatissante pour la supplier de venir en aide à l'Église, à ses enfants, à eux-mêmes dans les temps calamiteux où nous vivons. La *supplication perpétuelle au Cœur compatissant de Marie* est le pendant de l'*adoration perpétuelle du très-saint Sacrement* établie dans la plupart des diocèses de France. L'une peut parfaitement avoir lieu à la suite de l'autre, et c'est ce que nous cherchons à établir partout où nous le pouvons, de telle sorte que la veille du jour où doit avoir lieu dans chaque église publique d'un diocèse l'*adoration perpétuelle du très-saint Sacrement*, soit consacrée à la *supplication perpétuelle au Cœur compatissant de Marie.* De cette manière, il n'y aurait aucun dérangement, et la fête de la veille servirait d'excellente préparation à celle du lendemain : *Per Mariam ad Jesum.* Quel est le pasteur, quel est le prêtre, desservant à quelque titre que ce soit une église publique, qui ne soit saintement jaloux de procurer à notre douce et compatissante Mère des cieux un hommage si glorieux pour elle, si avantageux pour nous, et je puis bien ajouter si facile? Quoi de plus facile, en effet, quoi de moins onéreux que de consacrer *un jour, un seul jour* par année, dans *chaque église publique*, à l'excellente et touchante pratique de la *supplication perpétuelle* au Cœur compatissant de Marie! Déjà nous l'avons inauguré dans plusieurs églises paroissiales et de communautés religieuses, à la grande édification et consolation des fidèles accourus pour compatir aux douleurs de la bonne Mère, et recevoir ses maternelles bénédictions. Nous avons eu sous nos yeux ce touchant spectacle, durant le carême dernier, dans l'église cathédrale de Sarlat, où toute une population, répondant à l'appel de son pieux et zélé pasteur, est venue s'agenouiller au pied de la douce image de Marie, solennellement exposée dans le chœur, environnée de fleurs, de lumière, et la supplier, durant toutes les heures bénies de cette sainte journée, surtout le soir à l'exercice solennel de clôture, de verser à flots sur la paroisse et sur chacun d'eux ses maternelles bénédictions. Les mères y ont conduit leurs petits enfants afin de les offrir à leur Mère des cieux ; et sa main compatissante s'est levée à la fois sur les mères et sur les enfants pour les bénir tous.

Non, nous ne désespérons pas qu'un jour cette sainte et touchante pratique de la *supplication perpétuelle*... ne devienne générale dans l'Église. Quelle gloire pour la douce Mère de Jésus et la nôtre ! Quelle abondance de grâces pour chacun de nous ! Quelle ineffable consolation pour ceux qui auront contribué par leur zèle à procurer à Marie cet hommage, soit en répandant le petit livre de la *supplication*..., soit en déterminant par leurs pieuses démarches l'établissement solide et durable de la *supplication*... dans l'église de leur paroisse, de leur communauté, ou ailleurs !

O vous tous qui lisez ces lignes, nous vous conjurons non-seulement de propager partout où vous le pourrez *l'apostolat de la souffrance*, mais encore la *supplication perpétuelle au Cœur compatissant de Marie*. Nous avons ouvert un *registre* où nous inscrivons, sous la date du jour de l'année qu'on a choisi, le nom des églises où l'on désire établir cette *supplication*... MM. les curés, aumôniers, desservants, qui désireraient avoir leur jour dans ce calendrier de louanges et de prières à la Mère des douleurs, sont priés de vouloir bien nous écrire, en nous indiquant le *jour* qu'ils voudront bien choisir. Ce jour serait choisi une fois pour toutes, et chaque année il ramènerait, pour la paroisse, pour la communauté, les joies et les bénédictions de l'année précédente.

Un jour, un seul jour par année!

Telle est l'aumône spirituelle qu'on vous demande au nom et pour l'amour de Marie désolée, en réparation des outrages faits à sa divine maternité par les impies de nos jours, et pour venir en aide à notre mère la sainte Église et à ses enfants en ces temps de calamités.

Pasteurs zélés, prêtres fervents, pieux fidèles si dévoués à Marie, si désireux du salut des âmes, vous accueillerez favorablement, nous n'en doutons pas, cet appel que nous prenons la liberté d'adresser à votre tendre piété envers l'auguste Mère de Dieu. Non, vous ne refuserez pas à notre douce et sainte Mère, qui a tant souffert pour nous, à notre mère la sainte Église, aujourd'hui si affligée, à un si grand nombre d'âmes exposées plus que jamais au danger de se perdre éternellement, non, vous ne refuserez pas *un jour, un seul jour chaque année*, consacré à célébrer dans les églises publiques, avec l'approbation de l'ordinaire, la *supplication perpétuelle au Cœur compatissant de Marie, pour les besoins de l'Église, des paroisses, des diocèses et communautés... où elle sera établie.*

Pour plus amples renseignements, nous renvoyons à l'opuscule (in-32) que nous avons publié dernièrement sous le titre de *La Supplication perpétuelle au Cœur compatissant de Marie, pour les besoins actuels de l'Église et des paroisses...* On trouve cet ouvrage chez Lecoffre, libraire à Paris, rue Bonaparte; et à Lyon, ancienne maison Périsse frères, rue Mercière, 47, et rue Centrale, 34. MM. les ecclésiastiques trouveront dans ce petit livre, à la page 87 (1re édition), la *méthode pratique* d'établir la *supplication perpétuelle...* dans chaque église.

La supplication perpétuelle dans les familles.

Il est grandement à désirer que la *supplication perpétuelle...* s'établisse aussi dans les familles chrétiennes. Elle sera pour elles une source de bénédictions. Mère de Celui qui est venu opérer le salut du monde, partout où Marie pénètre elle apporte la joie et le salut. Heureuses, mille fois heureuses les familles où la très-douce Mère de Jésus est aimée et honorée ! Pères chrétiens, mères et filles chrétiennes, c'est surtout à vous que nous nous adressons en ce moment. Ne négligez rien pour établir la *supplication perpétuelle... un jour* par année, au sein de vos familles. Nous vous y exhortons de toutes nos forces, assurés que nous sommes du grand bien qu'elle vous procurera si vous vous en acquittez fidèlement. Voici la méthode à suivre : elle est bien facile : 1° déterminez une fois pour toutes le jour de l'année où vous vous proposez de faire chez vous ce saint exercice; 2° la veille de ce jour élevez dans un appartement de votre maison un petit oratoire à Marie, surmonté d'un tableau ou image de Notre-Dame-des-Sept-Douleurs, ou au moins d'un tableau ou image quelconque de la très-sainte Vierge. Ornez ce pieux monument de votre mieux avec des fleurs et ce que vous avez de plus beau. Vous n'en saurez jamais trop faire pour honorer dignement l'auguste Mère de Dieu; 3° cela fait, réunissez dès la veille votre famille et vos domestiques au pied du monument pour y faire, après la prière du soir récitée en commun, l'ouverture de la *supplication...* Il est avantageux de la commencer par une courte lecture faite dans le livre intitulé *La Supplication perpétuelle...* (1) ou dans tout autre livre pieux sur la dévotion à la très-sainte Vierge.

(1) *La Supplication perpétuelle au Cœur compatissant de Marie.* In-32; chez Lecoffre, libraire, Paris.

Après cette lecture, tout le monde s'étant mis à genoux, récitez dévotement et à haute voix, au nom de tous, quelques-unes des supplications qui se trouvent dans le petit livre que nous venons d'indiquer (1), au moins la première et celle qui est *pour les pères, les mères et leurs enfants* (2). Durant ce premier exercice, il convient qu'il y ait quelques cierges allumés sur le monument; 4° le lendemain matin, faites en sorte que tous les membres de votre famille et vos domestiques viennent en commun ou en particulier faire leur prière du matin devant la pieuse image de Marie désolée, et lui offrir quelques supplications; 5° Pendant toute la journée, si vos ressources le permettent, entretenez-y au moins un cierge ou une lampe allumée; 6° disposez les choses de manière que, durant cette heureuse journée, chaque membre de votre famille vienne offrir à Marie sa pieuse supplication. Suppliez vous-même pour ceux d'entre eux qui ne voudront pas le faire. Sur votre invitation, les autres membres de votre parenté et quelques voisins ne pourraient-ils venir aussi *supplier* la bonne Mère, au moins le soir à l'exercice solennel de clôture; 7° réservez pour cette dernière cérémonie la plus belle illumina-

(1) *La Supplication perpétuelle au Cœur compatissant de Marie*, page 98, 1re édition.
(2) *Id.*, page 121.

tion. On la commencera par l'amende honorable (1), ensuite, si le local le permet, on chantera quelques strophes du *Stabat* (2) ou quelque pieux cantique à Marie. S'il y a dans la maison quelque instrument de musique, tel qu'*harmonium*, par exemple, on ne saurait trouver de meilleure occasion pour s'en servir. Après cela, consacrez vos enfants à Marie en les faisant mettre à genoux tous ensemble devant la sainte image, et en vous servant de la *supplication des mères chrétiennes offrant leurs enfants à Marie* (3). Vous y joindrez quelques autres supplications, les litanies de la sainte Vierge, et vous terminerez par l'*acte de consécration au Cœur compatissant de Marie* (4). Il conviendrait que ce fût le père ou la mère qui prononçât à haute voix cet acte aux pieds de la très-sainte Vierge. On pourra finir par quelques chants pieux. Heureuses, nous le redisons encore une fois, heureuses les familles où *chaque année* on offrira à Marie le pieux hommage de supplication.

Nous avons aussi un *registre ouvert* pour y inscrire les familles chrétiennes qui auront la dévotion d'adopter cette sainte pratique, et qui vou-

---

(1) Voir *La Supplication perpétuelle*, p. 105.
(2) *Id.*, page 101.
(3) *Id.*, page 130.
(4) *Id.*, page 111.

dront bien nous envoyer leur nom et le jour de l'année qu'elles auront choisi (*affranchir*) Quelle est la famille chrétienne qui ne se montre saintement empressée à offrir *une fleur*, c'est-à-dire *un jour de supplication* chaque année, pour nous aider à composer, en l'honneur du Cœur compatissant de Marie, une magnifique couronne de *trois cent soixante-cinq* belles fleurs, c'est-à-dire autant d'hommages de supplication qu'il y a de jours dans l'année. L'invitation que nous adressons ici aux familles chrétiennes, nous l'adressons également à toutes les communautés religieuses et autres établissements pieux, séminaires, hospices, hôpitaux, etc. etc. Nous prions MM. les curés et MM. les ecclésiastiques de seconder de tout leur pouvoir l'établissement de ces pieuses supplications au sein des familles, de leur paroisse, sans détriment de l'exercice public et solennel de supplication, que nous les avons déjà prié d'établir dans leur église pour tous leurs paroissiens. Ils ne tarderont pas à recueillir de cette sainte pratique les consolations les plus douces et les fruits les plus abondants.

III

SUR L'INSTITUT DES RELIGIEUSES DU CŒUR AGONISANT DE JÉSUS.

Nous terminons cet ouvrage par une courte notice sur l'institut des *religieuses du Cœur agonisant de Jésus*, fondé à Mende sous les auspices et avec l'approbation de Mgr Jean-Marie Foulquier, évêque de Mende, et ayant maintenant leur maison-mère à Lyon (1), avec l'autorisation de Son Éminence le cardinal de Bonald, archevêque de Lyon. Les motifs qui ont déterminé l'établissement de cet institut sont de plus d'une sorte. Sans parler de celui qui domine tous les autres, qui est de rendre au *Cœur agonisant de Jésus un hommage spécial*, et de contribuer, par la prière et l'*immolation quotidienne, au salut des mourants de chaque jour*, un des principaux motifs, quoique moins apparent, c'est de faciliter aux personnes appelées à la vie religieuse le moyen de satisfaire avec une santé médiocre leur attrait pour le cloître, c'est-à-dire pour les exercices d'une vie de prières, de solitude et de pénitences, dans une pensée et pour un but apostolique, c'est-à-dire pour le salut des mourants.

On a fait la remarque que, vu l'affaiblissement général des tempéraments, un certain nombre de personnes réellement appelées de Dieu à la vie contemplative et mortifiée du cloître, n'ont pas cependant assez de forces physiques pour soutenir les austérités, par exemple, du Carmel, de la

---

(1) Lyon, quartier de Montplaisir, aux Quatre-Maisons, n° 11.

Trappe, de Sainte-Claire. Que faire alors? Entrer dans une communauté moins austère? C'est sans doute le meilleur parti à prendre. Mais où trouver ces communautés où il n'y ait en même temps à exercer les ministères de la vie active, c'est-à-dire l'éducation des jeunes filles, le soin des malades, ou toute autre fonction incompatible avec la vie contemplative proprement dite, telle qu'elle se pratique dans les ordres cloîtrés du Carmel et ailleurs?

C'est donc un véritable service à rendre aux jeunes personnes qui ont cette vocation, mais qui n'ont pas les forces physiques suffisantes pour en supporter les austérités, de leur fournir un moyen facile de réaliser leur pieux attrait avec une santé médiocre. Ce moyen, nous pensons qu'elles pourront le trouver dans l'*Institut religieux du Cœur agonisant de Jésus*, lequel, sous le rapport des austérités, veilles, jeûnes, privations, tient un milieu entre les ordres les plus austères et ceux qui le sont moins. Au reste, pour en donner une plus exacte connaissance à nos lecteurs, nous allons simplement placer sous leurs yeux la formule abrégée des constitutions de cet institut, telle qu'elle a été approuvée par Mgr Foulquier, évêque de Mende.

FORMULE
de la Congrégation religieuse du Cœur agonisant de Jésus.

Congrégation religieuse contemplative de femmes sous le vocable du Cœur agonisant de Jésus,

1° Ayant *pour but* de se consacrer *au salut des mourants de chaque jour* par une vie de *prière* et d'*immolations quotidiennes* en l'honneur et en union du Cœur sacré de Jésus agonisant au jardin des Oliviers. Le nombre de ceux qui meurent chaque jour est de plus de *quatre-vingt mille!* Combien, sur ce nombre effrayant, ont besoin que de saintes âmes s'offrent volontairement en victimes au Seigneur pour leur salut !

2° Prononçant dans cette fin, après deux ans de noviciat, *les trois vœux perpétuels* de religion, *pauvreté, chasteté, obéissance*, y ajoutant celui qui spécifie la nouvelle congrégation, c'est-à-dire le vœu de s'offrir *chaque jour à Dieu en victime pour les mourants du jour*. Sans en faire la matière d'un vœu, les religieuses du Cœur agonisant prieront aussi beaucoup pour l'Église et pour le souverain Pontife ;

3° *Gardant une clôture mitigée* en ce sens que, tout en leur interdisant sévèrement toute relation à l'extérieur, elle leur laissera la faculté de passer d'un monastère dans un autre quand la supérieure générale le jugera opportun ; d'avoir une administration générale commune, un noviciat commun, d'où les novices seront envoyées dans leurs communautés respectives ;

4° *Se livrant spécialement* au saint exercice de la prière mentale et vocale, celle-ci consistant surtout dans la psalmodie quotidienne de l'office divin. Si le nombre des religieuses le permet, il y aura *intercession continue* pour les mourants du jour, chaque religieuse à son tour priant à cette intention durant un temps déterminé devant le très-saint Sacrement ;

5° Unissant la mortification à la prière, non pas avec toute l'austérité du Carmel, par exemple, mais avec un tempérament qui, tout en s'accommodant à des constitutions médiocrement vigoureuses, convienne cependant à une vie d'immolation. En revanche, on fera une large part à la mortification de l'esprit, aux exercices d'humiliation, coulpes, etc. ;

6° S'occupant de préférence, pendant les heures consacrées aux œuvres manuelles, à la confection ou réparation des ornements d'église, linges sacrés, etc., en faveur surtout des églises pauvres, selon les ressources de la communauté. Le silence sera de règle hors le temps de la récréation ;

7° N'admettant dans leurs rangs comme religieuses de chœur que des personnes d'une éducation convenable, et pouvant, sauf certains cas exeptionnels, offrir une dot de six à huit mille francs selon les localités ou le revenu annuel de cette somme. Les veuves seront admises comme les autres si elles réunissent les conditions requises pour l'admission ;

8° S'adjoignant à l'extérieur, pour visiter et assister les mourants, des *auxiliaires*, c'est-à-dire des personnes pieuses vivant dans le monde, et unies à la congrégation par des liens plus ou moins étroits. Ces auxiliaires n'auront pas de rapports avec la communauté cloîtrée, mais seulement avec la supérieure ou quelques religieuses graves chargées de s'occuper d'elles. Elles seront un élément accessoire complémentaire de la congrégation, mais nullement un élément indispensable. Néanmoins leur concours pouvant être d'une grande utilité pour la gloire de Dieu et le bien des âmes, la congrégation ne devra consentir à s'en priver que pour de très-graves raisons ;

9° L'esprit de la nouvelle congrégation sera, Dieu aidant, une heureuse alliance de l'esprit de sainte Thérèse et de celui de saint Ignace. L'ardent désir de procurer la gloire de Dieu en contribuant efficacement au salut des âmes, surtout des mourants, s'y joindra à un grand amour du recueillement, de la prière, de l'immolation. Le dévouement à la personne sacrée de Notre-Seigneur Jésus-Christ, surtout à son aimable Cœur livré aux angoisses de l'agonie, sera un des traits les plus caractéristiques de la nouvelle congrégation religieuse. Pour plaire à ce bon Maître, les religieuses s'appliqueront surtout à imiter ses vertus, mais tout spécialement son *humilité* et sa *douceur*. Elles adopteront pour devise cette parole de Notre-Seigneur : « Apprenez de moi que je suis doux et humble de cœur : » *Discite a me qui mitis sum et humilis corde.*

Loué soit le Cœur agonisant de Jésus. Ainsi soit-il.

Loué soit le Cœur compatissant de Marie. Ainsi soit-il.

Nota. — Cette première édition de *L'Apostolat de la Souffrance* se vendant en partie au profit d'une *bonne œuvre* qui se rapporte au Cœur agonisant de Jésus, nous prions nos lecteurs de vouloir bien en favoriser la propagation.

TABLE

AU LECTEUR.	3
CHAPITRE I.— La souffrance condition inévitable de l'homme sur la terre.	11
CHAP. II. — La souffrance moyen très-efficace pour l'homme de parvenir à sa fin dernière, c'est-à-dire de sauver son âme.	18
CHAP. III.— Le chrétien élevé par Jésus-Christ à l'état divin, ou déification du chrétien par Jésus-Christ.	29
CHAP. IV. — La souffrance du chrétien élevée à l'état divin par Jésus-Christ, ou déification de la souffrance du chrétien par Jésus-Christ.	36
CHAP. V.—Divine efficacité des souffrances de Jésus-Christ, notre chef.	44
CHAP. VI. — Divine efficacité des souffrances du chrétien, membre de Jésus-Christ.	52
CHAP. VII. — Suite et fin du sujet précédent.	62
CHAP. VIII. — Divine efficacité de la souffrance endurée pour le salut des âmes. — Mission divine de la souffrance en Jésus-Christ.	67
CHAP. IX.—Mission divine de la souffrance en Marie, mère de Jésus-Christ.	73
CHAP. X. — Mission divine de la souffrance dans les apôtres, dans les martyrs et dans les hommes apostoliques de tous les temps.	79
CHAP. XI. — Confirmation de la doctrine précédente par l'explication du texte de saint Paul : « J'accomplis en moi « ce qui manque aux souffrances de Jésus-Christ. » . .	89
CHAP. XII. — Condition essentielle de la déification de nos souffrances; c'est-à-dire comment doit s'opérer l'union de nos souffrances avec Jésus-Christ pour qu'elles soient divines, efficaces pour nous et pour les autres.	98
CHAP. XIII.— Conclusions pratiques du chapitre précédent.	109

Chap. XIV. — L'apostolat de la souffrance dans les familles et parmi les simples fidèles. 120

Chap. XV. — L'apostolat de la souffrance parmi les prêtres et dans les paroisses. 136

Chap. XVI. — L'apostolat de la souffrance dans les corporations et communautés religieuses. 148

Chap. XVII. — L'apostolat de la souffrance dans les corporations et communautés religieuses purement contemplatives. 159

Chap. XVIII. — Conclusions pratiques des deux chapitres précédents. 174

Chap. XIX. — Des victimes spéciales. 185

Chap. XX. — Exemples. 197

Chap. XXI. — Qualités des apôtres de la souffrance, surtout des victimes spéciales. 212

Chap. XXII. — Continuation du précédent. 218

Chap. XXIII. — Direction de l'intention dans la souffrance. 228

Chap. XXIV. — Diverses peines ou épreuves qu'endurent surtout les victimes spéciales. 233

Chap. XXV. — Des peines intérieures. 244

Chap. XXVI. — Des agonies de la sainte âme de Jésus. . 255

Chap. XXVII. — Des agonies de quelques âmes que Jésus-Christ associe plus spécialement à sa vie agonisante et crucifiée. 262

Chap. XXVIII. — Exercices et formules de l'apostolat de la souffrance. 268

Chap. XXIX. — Rapports intimes entre l'apostolat de la souffrance et l'apostolat de la prière. 290

Société de Victimes volontaires pour les besoins actuels de l'Église et des nations, surtout des nations catholiques de l'Europe, en l'honneur du Cœur agonisant de Jésus et du Cœur compatissant de Marie. 298

Appendice. 321

TOURS. — Impr. MAME.

A LA MÊME LIBRAIRIE

MÉDITATIONS (Abrégé des) du P. Louis DUPONT, de la Compagnie de Jésus, suivi d'une retraite de huit jours, par le P. Nicolas FRIZON; nouvelle édition, revue par le R. P. Ch. AUBERT, de la même Compagnie; 4 vol. in-12. 8 fr.

RETRAITE SPIRITUELLE selon la méthode de saint Ignace, à l'usage des ecclésiastiques, des religieux et des séculiers, par les RR. PP. DEBROSSE et Hippolyte AUGRY, S. J.; 4ᵉ édition, in-12. 1 fr. 75 c.

LIVRE DES MALADES (le), Lectures tirées de l'Écriture sainte, par A.-F. Ozanam; 2ᵉ édition, in-18. 1 fr. 60 c.

CONFÉRENCES DU R. P. DE RAVIGNAN, de la Compagnie de Jésus; 4 beaux volumes in-8º. 28 fr.

— Les mêmes, avec portrait. 29 fr.

VIE (la) CHRÉTIENNE D'UNE DAME DANS LE MONDE, par le R. P. de Ravignan, de la Compagnie de Jésus; 1 beau volume in-12. 3 fr.

JOUR DE MARIE (le), par le R. P. BLOT; in-32 raisin; 11ᵉ édition. 40 c.

TRAITÉ DE L'AMOUR DE DIEU, de saint FRANÇOIS DE SALES, édition revue et publiée par le P. Marcel BOUIX, de la Compagnie de Jésus; très beau vol. grand in-8º, avec gravure. 12 fr.

CITÉ MYSTIQUE DE DIEU (la), Vie de la très-sainte Vierge Marie, révélée par la sainte Vierge elle-même à la Vén. Mère MARIE DE JÉSUS D'AGREDA, de l'Ordre de Saint-François, précédée de la Vie de l'auteur; traduite de l'espagnol par le R. P. CROSET, franciscain, et revue par un religieux du même ordre; 6 vol. grand in-18. 20 fr.

VISIONS D'ANNE-CATHERINE EMMERICH sur la Vie de N.-S. Jésus-Christ, la douloureuse Passion, la Vie de la sainte Vierge et l'établissement de l'Église, coordonnées en un seul tout selon l'ordre des faits, par le R. P. Alvarès DULEY, des Frères Prêcheurs; traduction nouvelle de l'allemand par M. Charles D'EBELING; 3 forts volumes in-12. *Prix net.* 9 fr.

LETTRES DE SAINT FRANÇOIS XAVIER, de la Compagnie de Jésus, apôtre des Indes et du Japon, traduites sur l'édition latine de Bologne par Léon PAGÈS; édition accompagnée de notes, de la Vie du Saint, de documents contemporains, ornée d'un portrait et de cartes; 2 volumes in-8º. 12 fr.

MANUEL DES CONFRÉRIES de Notre-Dame-des-Sept-Douleurs pour la sanctification des Souffrances, de Jésus souffrant et des Douleurs de Marie, pour une bonne mort, et de N.-D.-du-Suffrage pour les âmes du Purgatoire, par MM. RAVAILHE et CASTELNOU, prêtres du diocèse de Paris; ouvrage approuvé par Mgr l'archevêque de Paris et par NN. SS. les évêques de Rodez, Moulins et Poitiers; fort vol. in-18. 2 fr.

www.ingramcontent.com/pod-product-compliance
Lightning Source LLC
Chambersburg PA
CBHW072005150426
43194CB00008B/1003